Sous-Vide 2023

Mətbəxdə Yeni Texnologiya

Araz Oruclu

indeks

Toyuq suyu 10

Soğan Pomodoro Sousu 11

çili püresi 12

jalapeno ədviyyatı 13

bulyon 15

Fesleğen sarımsaq qabığı 17

Bal və soğan balzamı sarğı 18

Tomat sousu 19

dəniz məhsulları bulyonu 20

Balıq şorbası 21

Xardal-qulançar sousu 22

tərəvəz ehtiyatı 24

Tabasco pendiri Sarımsaq Edamame 26

Herby's Püresi Noxud 27

Adaçayı ilə bişmiş kartof püresi 28

Kəklikotu və pendir ilə yağlı qulançar 30

Bal şirəsi ilə dadlı parsnip 31

Pomidor və krem pendirli sendviç 32

Anakardiya və qaymaqlı pendir ilə çuğundur salatı 34

Karnabahar ilə pendir bibəri 36

Payız balqabaq krem şorbası 38

Kərəviz və pırasa kartof şorbası 40

Zoğal ilə limonlu kələm salatı 42

Pomidor sousu ilə sitrus qarğıdalı 43

Küncüt ilə zəncəfil Tamari Brüssel kələmi 45

Çuğundur salatı 47

Nanə ilə yaşıl sarımsaq 49

Ağ şərabda Brüssel kələmi 51

Çuğundur və keçi pendirindən salat 52

Brokoli gül kələm şorbası 54

Və ya nanə ilə noxud 56

Brüssel kələmi şirin şərbətdə 57

Ot pendiri ilə turp 59

balsamik bişmiş kələm 61

qaynadılmış pomidor 62

Ratatouille 63

Pomidor şorbası 65

Qovrulmuş çuğundur 67

Badımcanlı lazanya 68

Göbələk supu 70

Vegetarian Parmesan Risotto 72

Yaşıl şorba 73

Qarışıq tərəvəz şorbası 75

Dumanlı Bibər Wontons 77

Quinoa və kərəviz düyü yeməyi 78

Turp və reyhan salatı 80

çili qarışığı 81

Quinoa zerdeçal keşniş 82

Oregano ağ lobya 83

Kartof və xurma salatı 84

bibər noxudları 86

Tərəvəz və üzüm qarışığı 87
Bir kasa noxud və nanə göbələyi 88
tərəvəz kaponata 90
Limon ilə qızardılmış İsveçrə pazı 91
Tərəvəz püresi 92
Pomidor sousunda kələm və bibər 93
Xardal ilə mərcimək-pomidor yeməyi 94
Üzümlü paprika düyü plovu 96
qatıq şorbası 97
yağlı balqabaq 99
Köri və nektarin ilə zəncəfil chutney 100
Rosemary ilə Russet Potato Confit 102
Armud köri və kokos kremi 103
Yumşaq brokoli püresi 104
Ləzzətli xurma və manqo çutni 105
Mandarin və qoz-fındıq ilə yaşıl lobya salatı 107
Yaşıl noxudlu muskat qozu ilə krem 108
Asan Brokoli Püresi 109
Qırmızı bibər ilə brokoli şorbası 110
Küncüt və Bal ilə Miso Qarğıdalı Çili 112
Noxud ilə qaymaqlı Gnocchi 114
Bal və arugula salatı 115
Limon yağı sousu ilə crab 117
Şimali Sürətli qızılbalıq 118
Xardal və tamari sousu ilə dadlı alabalıq 119
Zəncəfil sousu ilə küncüt tunası 120
Cənnət Limon Sarımsaq Crab Rolls 122

Limon sousu ilə ədviyyatlı kömürlənmiş ahtapot 124

Kreol Karides Şişləri 126

Acılı souslu krevetkalar 128

Paltus və tərxun ilə 129

Bitki yağı və limon ilə cod 131

Beurre Nantais ilə qrupçu 133

tuna lopaları 135

kərə yağı tarakları 136

nanə sardina 137

Ağ şərab ilə qızıl 138

Avokado ilə qızılbalıq və kələm salatı 139

Zəncəfil ilə qızılbalıq 141

Təzə limon suyunda midye 142

Otlar ilə marinadlanmış tuna biftekləri 143

Crab biftekləri 145

bibər çayı 147

Marinadlanmış yayın balığı filesi 149

Limonlu karides salsası 151

Sous Vide halibut 152

Limon yağı altlığı 154

Fesleğen ilə cod güveç 155

Sadə Tilapiya 156

Qulançar ilə qızılbalıq 157

skumbriya köri 158

rozmarin kalamar 159

Qızardılmış limonlu karides 160

Qızardılmış ahtapot 161

yabanı qızılbalıq biftekləri	163
Tilapia güveç	164
Bibər ilə yağlı chanterelle	166
keşniş alabalığı	168
Squid üzükləri	169
Karides və avokado salatı	170
Zəfəran sitrus sousu ilə yağlı çipura	172
Küncüt kremi ilə cod filesi	174
İspanaq və xardal sousu ilə kremli qızılbalıq	176
Təzə salat ilə bibər bibəri	178
Manqo ilə ədviyyatlı kələm	180
Xardal vinaigrette ilə pırasa və karides	182
Kokos ilə karides şorbası	184
Soba əriştə ilə bal qızılbalığı	186
Mayonez ilə gurme lobster	188
Karides kokteyli	190
Herby's Limon Somonu	192
Duzlu Lobster Quyruqları	193
Gül kələm və yumurta əriştə ilə Tay qızılbalığı	194
Şüyüd ilə yüngül dəniz bas	196
Şirin çilli karides Frittata	197
Tay meyvəli karides	199
Dublin üslubunda limonlu karides yeməyi	201
Bibər və sarımsaq sousu ilə şirəli tarak	203
əriştə ilə karri karides	205
Cəfəri ilə kremli cod	206
Somon ilə Fransız Pot Rillettes	208

Kartof püresi ilə adaçayı qızılbalığı 209
Şüyüd Körpə Ahtapot Kase 211
Hollandaise sousu ilə duzlu qızılbalıq 212

Toyuq suyu

Hazırlanma + bişirmə vaxtı: 12 saat 25 dəqiqə | Porsiyalar: 3

Tərkibi:

2 kq toyuq, istənilən hissə - bud, döşlər

5 stəkan su

2 kərəviz sapı, doğranmışdır

2 ağ soğan, doğranmışdır

Təlimatlar:

İkiqat qazan hazırlayın, içərisinə Sous Vide qoyun və temperaturu 194 F-ə qoyun. Bütün inqrediyentləri 2 vakuum torbasına ayırın, torbaların üstlərini 2-3 dəfə qatlayın. Su banyosuna qoyun. Taymeri 12 saata təyin edin.

Taymer dayandıqda, çantaları çıxarın və maddələri qazana köçürün. Tərkibləri yüksək istilikdə 10 dəqiqə qaynatın. İstiliyi söndürün və süzün. Bulyonu şorba bazası kimi istifadə edin.

Soğan Pomodoro Sousu

Hazırlanma + bişirmə vaxtı: 30 dəqiqə | Porsiyalar: 4

Tərkibi

4 stəkan doğranmış və çəyirdəkli pomidor
½ soğan, doğranmış
½ çay qaşığı şəkər
¼ fincan təzə oregano
2 diş sarımsaq, doğranmışdır
Dadmaq üçün duz və qara bibər
5 xörək qaşığı zeytun yağı

Təlimatlar:

Benmari hazırlayın və içinə Sous Vide qoyun. Temperaturu 175 F-ə qoyun. Pomidor, oregano, sarımsaq, soğan və şəkəri vakuumla bağlanan çantaya qoyun. Suyun yerdəyişməsi üsulu ilə havanı buraxın, çantanı bağlayın və su banyosuna batırın. 15 dəqiqə bişirin.

Taymer dayandıqda, çantanı çıxarın və içini bir qarışdırıcıya köçürün və hamarlanana qədər 1 dəqiqə qarışdırın. Üstünə qara bibər əlavə edin.

çili püresi

Hazırlanma + bişirmə vaxtı: 40 dəqiqə | Porsiyalar: 4

Tərkibi:

8 ədəd qırmızı bibər, çubuqları soyulmuş

⅓ fincan zeytun yağı

2 xörək qaşığı limon suyu

3 diş sarımsaq, əzilmiş

2 xörək qaşığı şirin paprika

Təlimatlar:

İkiqat qazan hazırlayın və içərisinə Sous Vide qoyun və temperaturu 183 F-ə qoyun. Bibər, sarımsaq və yağı vakuumla bağlanan çantaya qoyun. Suyun yerdəyişməsi üsulu ilə havanı buraxın, torbaları bağlayın və su banyosuna batırın. Taymeri 20 dəqiqəyə qoyun və bişirin.

Taymer dayandıqda çantanı çıxarın və açın. Paprika və sarımsağı bir qarışdırıcıya qoyun və hamarlanana qədər qarışdırın. Tencereyi orta istilik üzərinə qoyun; çili püresi və qalan maddələr əlavə edin. 3 dəqiqə bişirin. İsti və ya soyuq bir çorba kimi xidmət edin.

jalapeno ədviyyatı

Hazırlanma + bişirmə vaxtı: 70 dəqiqə | Porsiyalar: 6

Tərkibi:

2 jalapeno bibəri

2 yaşıl bibər

2 diş sarımsaq, əzilmiş

1 soğan, təzəcə soyulmuş

3 qaşıq toz oregano

3 çay qaşığı qara bibər tozu

2 çay qaşığı rozmarin tozu

10 çay qaşığı anis tozu

təlimatlar

İkiqat qazan hazırlayın, içərisinə Sous Vide qoyun və temperaturu 185 F-ə qoyun. Bibər və soğanı vakuumla bağlanan çantaya qoyun. Suyun yerdəyişməsi üsulu ilə havanı buraxın, çantanı bağlayın və su banyosuna batırın. Taymeri 40 dəqiqəyə təyin edin.

Taymer dayandıqda çantanı çıxarın və açın. Bibər və soğanı 2 xörək qaşığı su ilə birlikdə blenderə qoyun və hamarlanana qədər qarışdırın.

Tavanı zəif atəşə qoyun, qırmızı paprika püresi və qalan inqrediyentləri əlavə edin. 15 dəqiqə qaynatın. İstiliyi söndürün və sərinləyin. Bir ədviyyat qabında saxlayın, soyudun və 7 günə qədər istifadə edin. Onu ədviyyat kimi istifadə edin.

bulyon

Hazırlanma + bişirmə vaxtı: 13 saat 25 dəqiqə | Porsiyalar: 6

Tərkibi:

3 kilo öküz ayağı

1 ½ kq mal əti sümükləri

½ kq kıyılmış mal əti

5 stəkan tomat pastası

6 şirin soğan

3 baş sarımsaq

6 xörək qaşığı qara bibər

5 budaq kəklikotu

4 dəfnə yarpağı

10 stəkan su

Təlimatlar:

Fırını 425 F-ə qədər qızdırın. Mal əti sümüklərini və mal ətini çörək qabına qoyun və üzərinə tomat pastası sürtün. Sarımsaq və soğan əlavə edin. Bir kənara qoyun. Kıyılmış mal əti başqa bir qovurma qabına qoyun və doğrayın. Çörək qablarını sobaya qoyun və qızılı rəng alana qədər bişirin.

Hazır olduqdan sonra, çörək qablarından yağı boşaltın. Böyük bir qabda benmari hazırlayın, içinə Sous Vide qoyun və 195 F-yə qoyun. Kıyılmış mal əti, qovrulmuş tərəvəzlər, qara bibər, kəklikotu və dəfnə yarpaqlarını 3 vakuum torbasına ayırın. Çörək qablarını su ilə təmizləyin və torbalara əlavə edin. Çantaların üst hissəsini 2-3 dəfə qatlayın.

Çantaları benmariyə qoyun və onları Sous Vide qabına bağlayın. Taymeri 13 saata təyin edin. Taymer dayandıqda, çantaları çıxarın və maddələri qazana köçürün. Tərkibləri yüksək atəşə gətirin. 15 dəqiqə bişirin. İstiliyi söndürün və süzün. Bulyonu şorba bazası kimi istifadə edin.

Fesleğen sarımsaq qabığı

Hazırlanma + bişirmə vaxtı: 55 dəqiqə | Porsiyalar: 15

Tərkibi:

2 baş sarımsaq, əzilmiş
2 xörək qaşığı zeytun yağı
Bir az duz
1 şüyüd soğanı, doğranmışdır
2 limon, rəndələnmiş və sıxılmışdır
¼ şəkər
25 reyhan yarpağı

Təlimatlar:

İkiqat qazan hazırlayın, içərisinə Sous Vide qoyun və temperaturu 185 F-ə qoyun. Şüyüd və şəkəri vakuumla bağlanan çantaya qoyun. Suyun yerdəyişməsi üsulu ilə havanı buraxın, çantanı bağlayın və su banyosuna batırın. Taymeri 40 dəqiqəyə təyin edin. Taymer dayandıqda çantanı çıxarın və açın.

Şüyüd, şəkər və sadalanan qalan inqrediyentləri blenderə qoyun və hamarlanana qədər qarışdırın. Bir ədviyyat qabında saxlayın və bir həftəyə qədər soyuducuda istifadə edin.

Bal və soğan balzamı sarğı

Hazırlanma + bişirmə vaxtı: 1 saat 55 dəqiqə | Porsiyalar: 1)

Tərkibi

3 şirin soğan, doğranmış

1 qaşıq kərə yağı

Dadmaq üçün duz və qara bibər

2 xörək qaşığı balzam sirkəsi

1 qaşıq bal

2 çay qaşığı təzə kəklikotu yarpaqları

təlimatlar

Benmari hazırlayın və içinə Sous Vide qoyun. Onu 186F-ə qoyun.

Kərə yağı ilə tavayı orta istilikdə qızdırın. Soğan əlavə edin, duz və istiot əlavə edin və 10 dəqiqə bişirin. Balzam sirkəsini əlavə edin və 1 dəqiqə bişirin. İstidən çıxarın və bal tökün.

Qarışığı vakuumla bağlana bilən torbaya qoyun. Suyun yerdəyişməsi üsulu ilə havanı buraxın, çantanı bağlayın və su banyosuna batırın. 90 dəqiqə bişirin. Taymer dayandıqda, çantanı çıxarın və bir qaba köçürün. Təzə kəklikotu ilə bəzəyin. Pizza və ya sendviç ilə xidmət edin.

Tomat sousu

Hazırlanma + bişirmə vaxtı: 55 dəqiqə | Porsiyalar: 4

Tərkibi:

1 (16 oz.) əzilmiş pomidor konservi
1 kiçik ağ soğan, doğranmışdır
1 stəkan təzə reyhan yarpaqları
1 qaşıq zeytun yağı
1 diş sarımsaq, əzilmiş
dadmaq üçün duz
1 dəfnə yarpağı
1 qırmızı bibər

Təlimatlar:

İkiqat qazan hazırlayın, içərisinə Sous Vide qoyun və temperaturu 185 F-ə qoyun. Sadalanan bütün inqrediyentləri vakuumla bağlanan çantaya qoyun. Suyun yerdəyişməsi üsulu ilə havanı buraxın, çantanı bağlayın və su banyosuna batırın. Taymeri 40 dəqiqəyə təyin edin. Taymer dayandıqda çantanı çıxarın və açın. Dəfnə yarpağını atın və qalan inqrediyentləri blenderə qoyun və yaxşıca qarışdırın. Yan yemək kimi xidmət edin.

dəniz məhsulları bulyonu

Hazırlanma + bişirmə vaxtı: 10 saat 10 dəqiqə | Porsiyalar: 6

Tərkibi:

1 kq karides qabıqları, başı və quyruğu ilə

3 stəkan su

1 qaşıq zeytun yağı

2 xörək qaşığı duz

2 budaq rozmarin

½ başı doğranmış sarımsaq

½ fincan kərəviz yarpaqları, doğranmışdır

Təlimatlar:

İkiqat qazan hazırlayın, içərisinə Sous Vide qoyun və temperaturu 180 F-ə qoyun. Karidesləri zeytun yağı ilə atın. Karidesləri sadalanan maddələrin qalan hissəsi ilə vakuumla bağlana bilən çantaya qoyun. Havanı buraxın, bağlayın və çantanı su banyosuna batırın və taymeri 10 saat təyin edin.

Balıq şorbası

Hazırlanma + bişirmə vaxtı: 10 saat 15 dəqiqə | Porsiyalar: 4

Tərkibi:

5 stəkan su

½ kq balıq filesi, dəri

1 kq balıq başı

5 orta yaşıl soğan

3 şirin soğan

¼ qara dəniz yosunu (Kombu)

Təlimatlar:

Su vannası hazırlayın, Sous Vide-ni içinə qoyun və 194 F-ə qoyun. Bütün sadalanan inqrediyentləri bərabər şəkildə 2 vakuum torbasına ayırın, torbaların üst hissəsini 2 dəfə bükün. Onları ikiqat qazana qoyun və onları Sous Vide konteynerində bərkidin. Taymeri 10 saata təyin edin.

Taymer dayandıqda, çantaları çıxarın və maddələri qazana köçürün. Tərkibləri yüksək odda 5 dəqiqə qaynadın. Odu söndürün və süzün. Soyuducuda saxlayın və 14 günə qədər istifadə edin.

Xardal-qulançar sousu

Hazırlanma + bişirmə vaxtı: 30 dəqiqə | Porsiyalar: 2

Tərkibi

1 böyük dəstə qulançar

Dadmaq üçün duz və qara bibər

¼ fincan zeytun yağı

1 çay qaşığı Dijon xardal

1 çay qaşığı şüyüd

1 çay qaşığı qırmızı şərab sirkəsi

1 qaynadılmış yumurta, doğranmışdır

Təzə cəfəri, doğranmış

təlimatlar

Benmari hazırlayın və içinə Sous Vide qoyun. Onu 186F-ə qoyun.

Qulançarın dibini sıxıb atın.

Sapın əsasını soyun və vakuumla bağlanmış torbaya qoyun. Suyun yerdəyişməsi üsulu ilə havanı buraxın, çantanı bağlayın və su banyosuna batırın. 15 dəqiqə bişirin.

Taymer dayandıqda çantanı çıxarın və buz banyosuna köçürün. Pişirmə şirələrini ayırın. Vinaigrette üçün bir qabda yağ, sirkə və xardal qarışdırın; yaxşı silkələyin. Duz ilə səpin və mason qabına köçürün. Bağlayın və yaxşı birləşdirilənə qədər silkələyin. Üstünə cəfəri, yumurta və vinaigrette əlavə edin.

tərəvəz ehtiyatı

Hazırlanma + bişirmə vaxtı: 12 saat 35 dəqiqə | Porsiyalar: 10)

Tərkibi:

1 ½ fincan kərəviz kökü, doğranmışdır

1 ½ fincan pırasa, doğranmışdır

½ fincan şüyüd soğanı, doğranmışdır

4 diş sarımsaq, əzilmiş

1 qaşıq zeytun yağı

6 stəkan su

1 ½ fincan göbələk

½ fincan cəfəri, doğranmış

1 xörək qaşığı qara bibər

1 dəfnə yarpağı

Təlimatlar:

İkiqat qazan hazırlayın, içərisinə Sous Vide qoyun və temperaturu 180 F-ə qoyun. Fırını 450 F-ə qədər qızdırın. Pırasa, kərəviz, şüyüd, sarımsaq və zeytun yağını bir qaba qoyun. Onları oynayın. Bir çörək qabına qoyun və sobaya qoyun. 20 dəqiqə bişirin.

Qovrulmuş tərəvəzləri şirələr, su, cəfəri, bibər, göbələk və dəfnə yarpağı ilə vakuumla bağlanan torbaya qoyun. Havanı buraxın, bağlayın və çantanı su banyosuna batırın və taymeri 12 saata təyin edin. Buxarlanmanı azaltmaq üçün ikiqat qazan qazanını plastik sarğı ilə örtün və tərəvəzləri qapalı saxlamaq üçün daim vannaya su əlavə edin.

Taymer dayandıqda çantanı çıxarın və açın. Tərkibləri süzün. Soyumağa icazə verin və 1 aya qədər dondurulmuş halda istifadə edin.

Taymer dayandıqda çantanı çıxarın və açın. Tərkibləri süzün. Soyumağa icazə verin və 2 həftəyə qədər dondurulmuş halda istifadə edin.

Tabasco pendiri Sarımsaq Edamame

Hazırlanma + bişirmə vaxtı: 1 saat 6 dəqiqə | Porsiyalar: 4

Tərkibi

1 qaşıq zeytun yağı

4 stəkan təzə edamame qabığı

1 qaşıq duz

1 diş sarımsaq, doğranmışdır

1 xörək qaşığı qırmızı bibər lopaları

1 xörək qaşığı Tabasco sousu

təlimatlar

Benmari hazırlayın və içinə Sous Vide qoyun. Onu 186F-ə qoyun.

Bir qazan suyu yüksək odda qızdırın və edamame qablarını 60 saniyə ağartın. Onları boşaltın və buzlu su banyosuna qoyun. Sarımsaq, qırmızı bibər lopaları, Tabasco sousu və zeytun yağını birləşdirin.

Edamameni vakuumla bağlanmış çantaya qoyun. Tabasco sousunu tökün. Suyun yerdəyişməsi üsulu ilə havanı buraxın, çantanı bağlayın və su banyosuna batırın. 1 saat bişirin. Taymer dayandıqda, çantanı çıxarın və bir qaba köçürün və xidmət edin.

Herby's Püresi Noxud

Hazırlanma + bişirmə vaxtı: 55 dəqiqə | Porsiyalar: 6

Tərkibi

½ fincan tərəvəz suyu

1 kilo təzə noxud

1 limonun qabığı

2 xörək qaşığı doğranmış təzə reyhan

1 qaşıq zeytun yağı

Dadmaq üçün duz və qara bibər

2 xörək qaşığı doğranmış təzə soğan

2 xörək qaşığı doğranmış təzə cəfəri

¾ çay qaşığı sarımsaq tozu

təlimatlar

Benmari hazırlayın və içinə Sous Vide qoyun. Onu 186F-ə qoyun.

Noxud, limon qabığı, reyhan, zeytun yağı, qara bibər, sarımsaq, cəfəri, duz və sarımsaq tozunu birləşdirin və vakuumla bağlanan torbaya qoyun. Suyun yerdəyişməsi üsulu ilə havanı buraxın, çantanı bağlayın və su banyosuna batırın. 45 dəqiqə bişirin. Taymer dayandıqda, çantanı çıxarın və bir qarışdırıcıya köçürün və yaxşıca qarışdırın.

Adaçayı ilə bişmiş kartof pürəsi

Hazırlanma + bişirmə vaxtı: 1 saat 35 dəqiqə | Porsiyalar: 6

Tərkibi

¼ fincan kərə yağı

12 soyulmuş şirin kartof

10 diş sarımsaq, doğranmışdır

4 xörək qaşığı duz

6 xörək qaşığı zeytun yağı

5 budaq təzə adaçayı

1 qaşıq paprika

təlimatlar

Benmari hazırlayın və içinə Sous Vide qoyun. 192F-yə təyin edin.

Kartof, sarımsaq, duz, zeytun yağı və 2 və ya 3 budaq kəklikotu əlavə edin və vakuum qabına qoyun. Suyun yerdəyişməsi üsulu ilə havanı buraxın, çantanı bağlayın və su banyosuna batırın. 1 saat 15 dəqiqə bişirin.

Fırını 450 F-ə qədər qızdırın. Taymer dayandıqda, kartofu çıxarın və bir qaba köçürün. Pişirmə şirələrini ayırın.

Kartofu kərə yağı və qalan adaçayı ilə yaxşıca qarışdırın. Əvvəllər alüminium folqa ilə örtülmüş bir çörək qabına qoyun. Kartofun ortasında bir quyu düzəldin və yemək mayesini tökün. Kartofları 10 dəqiqə bişirin, 5 dəqiqədən sonra çevirin. Adaçayı atın. Bir boşqaba köçürün və bibər səpərək xidmət edin.

Kəklikotu və pendir ilə yağlı qulançar

Hazırlanma + bişirmə vaxtı: 21 dəqiqə | Porsiyalar: 6

Tərkibi

¼ fincan qızardılmış Pecorino Romano pendiri

16 unsiya təzə qulançar, kəsilmiş

4 xörək qaşığı kərə yağı, kub şəklində

dadmaq üçün duz

1 diş sarımsaq, doğranmışdır

1 qaşıq kəklikotu

təlimatlar

Benmari hazırlayın və içinə Sous Vide qoyun. Onu 186F-ə qoyun.

Kuşkonmazı vakuumla bağlanmış çantaya qoyun. Kərə yağı kubları, sarımsaq, duz və kəklikotu əlavə edin. Suyun yerdəyişməsi üsulu ilə havanı buraxın, çantanı bağlayın və su banyosuna batırın. 14 dəqiqə bişirin.

Taymer dayandıqda, çantanı çıxarın və qulançarları bir boşqaba köçürün. Yemək suyundan bir az səpin. Pecorino Romano pendiri ilə bəzəyin.

Bal şirəsi ilə dadlı parsnip

Hazırlanma + bişirmə vaxtı: 1 saat 8 dəqiqə | Porsiyalar: 4

Tərkibi

1 kilo parsnips, soyulmuş və kəsilmiş

3 xörək qaşığı kərə yağı

2 xörək qaşığı bal

1 qaşıq zeytun yağı

Dadmaq üçün duz və qara bibər

1 xörək qaşığı doğranmış təzə cəfəri

təlimatlar

Benmari hazırlayın və içinə Sous Vide qoyun. Onu 186F-ə qoyun.

Parsnips, kərə yağı, bal, yağ, duz və istiotu vakuumla bağlanan çantaya qoyun. Suyun yerdəyişməsi üsulu ilə havanı buraxın, çantanı bağlayın və su banyosuna batırın. 1 saat bişirin.

Tencereyi orta istilikdə qızdırın. Taymer dayandıqda, çantanı çıxarın və içini tavaya köçürün və maye şirə çevrilənə qədər 2 dəqiqə bişirin. Cəfəri əlavə edin və tez qarışdırın. Xidmət edin.

Pomidor və krem pendirli sendviç

Hazırlanma + bişirmə vaxtı: 55 dəqiqə | Porsiya: 8)

Tərkibi

½ fincan kəsmik
2 kilo dilimlənmiş pomidor
Dadmaq üçün duz və qara bibər
2 xörək qaşığı zeytun yağı
2 diş sarımsaq, doğranmışdır
½ çay qaşığı doğranmış təzə adaçayı
⅛ çay qaşığı qırmızı bibər lopaları
½ çay qaşığı ağ şərab sirkəsi
2 xörək qaşığı kərə yağı
4 dilim çörək
2 dilim halloumi pendiri

təlimatlar

Benmari hazırlayın və içinə Sous Vide qoyun. 186 F-ə qoyun. Pomidorları bir qabın üzərinə süzgəcə qoyun və duz əlavə edin. Yaxşı silkələyin. 30 dəqiqə dondurulmasına icazə verin. Şirələri atın. Zeytun yağı, sarımsaq, adaçayı, qara bibər, duz və bibər lopalarını birləşdirin.

Vakuum möhürlənmiş torbaya qoyun. Suyun yerdəyişməsi üsulu ilə havanı buraxın, çantanı bağlayın və su banyosuna batırın. 40 dəqiqə bişirin.

Taymer dayandıqda, çantanı çıxarın və qarışdırıcıya köçürün. Sirkə və krem pendir əlavə edin. Hamarlanana qədər qarışdırın. Bir boşqaba köçürün və lazım olduqda duz və istiot əlavə edin.

Pendir çubuqlarını hazırlamaq üçün: Tavanı orta istilikdə qızdırın. Çörək dilimlərini kərə yağı ilə yayın və tavaya qoyun. Pendir dilimlərini çörəyin üzərinə qoyun və başqa bir çörək parçasının üzərinə qoyun. 1-2 dəqiqə qala. Qalan çörək ilə təkrarlayın. Kublara kəsin. İsti şorba üzərində xidmət edin.

Anakardiya və qaymaqlı pendir ilə çuğundur salatı

Hazırlanma + bişirmə vaxtı: 1 saat 35 dəqiqə | Porsiya: 8)

Tərkibi

6 böyük çuğundur, soyulmuş və parçalara kəsilmişdir
Dadmaq üçün duz və qara bibər
3 xörək qaşığı ağcaqayın siropu
2 xörək qaşığı kərə yağı
1 böyük portağal qabığı
1 qaşıq zeytun yağı
½ tsp cayenne bibəri
1½ fincan anakardiya
6 stəkan arugula
3 naringi, soyulmuş və dilimlənmişdir
1 stəkan krem pendir, xırdalanmış

təlimatlar

Benmari hazırlayın və içinə Sous Vide qoyun. Onu 186F-ə qoyun.

Çuğundur parçalarını vakuumla bağlanmış torbaya qoyun. Duz və istiot əlavə edin. 2 xörək qaşığı ağcaqayın siropu, kərə yağı və portağal qabığı əlavə edin. Suyun yerdəyişməsi üsulu ilə havanı buraxın, çantanı bağlayın və su banyosuna batırın. 1 saat 15 dəqiqə bişirin.

Fırını 350F-ə qədər qızdırın.

Qalan ağcaqayın siropu, zeytun yağı, duz və cayenne ilə qarışdırın. Anakardiya əlavə edin və yaxşı qarışdırın. Anakart qarışığını əvvəllər qara bibərlə örtülmüş bir çörək qabına qoyun və 10 dəqiqə bişirin. Rezerv edin və sərinləyin.

Taymer dayandıqda, çuğundurları çıxarın və yemək şirələrini atın. Rukolayı çuğundur və naringi dilimləri ilə süfrəyə qoyun. Süfrəyə vermək üçün üstünə queso fresk və anakardiya qarışığı qoyun.

Karnabahar ilə pendir bibəri

Hazırlanma + bişirmə vaxtı: 52 dəqiqə | Porsiyalar: 5

Tərkibi

½ fincan qızardılmış provolone pendiri

1 baş gül kələm, çiçəklərə kəsilmiş

2 diş sarımsaq, doğranmışdır

Dadmaq üçün duz və qara bibər

2 xörək qaşığı kərə yağı

1 qaşıq zeytun yağı

½ böyük qırmızı bolqar bibəri, dilimlənmiş

½ böyük sarı bolqar bibəri, zolaqlara kəsilmişdir

½ böyük portağal bolqar bibəri, zolaqlara kəsilmişdir

təlimatlar

Benmari hazırlayın və içinə Sous Vide qoyun. Onu 186F-ə qoyun.

Gül kələm çiçəklərini, 1 diş sarımsaq, duz, istiot, yağın yarısı və yağın yarısını yaxşıca qarışdırın.

Başqa bir qabda bibər, qalan sarımsaq, qalan duz, istiot, qalan kərə yağı və qalan zeytun yağı qarışdırın.

Gül kələmini vakuumla bağlanmış torbaya qoyun. Bibərləri başqa bir vakuumla bağlanmış torbaya qoyun. Suyun yerdəyişməsi üsulu ilə havanı buraxın, torbaları bağlayın və su banyosuna batırın. 40 dəqiqə bişirin.

Taymer dayandıqda, çantaları çıxarın və içindəkiləri xidmət qabına köçürün. Pişirmə şirələrini atın. Tərəvəzləri qarışdırın və üstünə provolon pendiri səpin.

Payız balqabaq krem şorbası

Hazırlanma + bişirmə vaxtı: 2 saat 20 dəqiqə | Porsiyalar: 6

Tərkibi

¾ stəkan xama

1 balqabaq, doğranmışdır

1 böyük armud

½ sarı soğan, doğranmış

3 budaq təzə kəklikotu

1 diş sarımsaq, doğranmışdır

1 çay qaşığı üyüdülmüş kimyon

Dadmaq üçün duz və qara bibər

4 xörək qaşığı krem

təlimatlar

Benmari hazırlayın və içinə Sous Vide qoyun. Onu 186F-ə qoyun.

Balqabaq, armud, soğan, kəklikotu, sarımsaq, kimyon və duzu qarışdırın. Vakuum möhürlənmiş torbaya qoyun. Suyun yerdəyişməsi üsulu ilə havanı buraxın, möhürləyin və su banyosuna batırın. 2 saat bişirin.

Taymer dayandıqda, çantanı çıxarın və bütün məzmunu qarışdırıcıya köçürün. Hamarlanana qədər püresi. Xama əlavə edin və yaxşı qarışdırın. Duz və istiot əlavə edin. Qarışığı qablara köçürün və üstünə bir az krem ləzzət verin. Armud parçaları ilə bəzəyin.

Kərəviz və pırasa kartof şorbası

Hazırlanma + bişirmə vaxtı: 2 saat 15 dəqiqə | Porsiya: 8)

Tərkibi

8 xörək qaşığı kərə yağı

4 dilimlənmiş qırmızı kartof

1 düymlük parçalara kəsilmiş sarı soğan

1 kərəviz sapı, ½ düymlük parçalara kəsilir

4 stəkan pırasa, ½ düymlük doğranmış, yalnız ağ hissələr

1 stəkan tərəvəz suyu

1 yerkökü, doğranmış

4 diş sarımsaq, doğranmışdır

2 dəfnə yarpağı

Dadmaq üçün duz və qara bibər

2 stəkan xama

¼ fincan doğranmış təzə soğan

təlimatlar

Benmari hazırlayın və içinə Sous Vide qoyun. Onu 186F-ə qoyun.

Kartof, yerkökü, soğan, kərəviz, pırasa, tərəvəz bulyonu, kərə yağı, sarımsaq və dəfnə yarpağını vakuumla bağlanmış çantaya qoyun.

Suyun yerdəyişməsi üsulu ilə havanı buraxın, çantanı bağlayın və su banyosuna batırın. 2 saat bişirin.

Taymer dayandıqda, çantanı çıxarın və qarışdırıcıya köçürün. Dəfnə yarpaqlarını atın. Tərkibini qarışdırın və duz və istiot əlavə edin. Kremi yavaş-yavaş tökün və hamarlanana qədər 2-3 dəqiqə qarışdırın. Süfrəyə vermək üçün süzün və soğan ilə bəzəyin.

Zoğal ilə limonlu kələm salatı

Hazırlanma + bişirmə vaxtı: 15 dəqiqə | Porsiyalar: 6

Tərkibi

6 stəkan təzə kələm, soyulmamış

6 xörək qaşığı zeytun yağı

2 diş sarımsaq, əzilmiş

4 xörək qaşığı limon suyu

½ çay qaşığı duz

¾ fincan qurudulmuş zoğal

təlimatlar

Benmari hazırlayın və içinə Sous Vide qoyun. Temperaturu 196 F-ə qoyun. Boyunu 2 xörək qaşığı zeytun yağı ilə qarışdırın. Vakuum möhürlənmiş torbaya qoyun. Suyun yerdəyişməsi üsulu ilə havanı buraxın, çantanı bağlayın və su banyosuna batırın. 8 dəqiqə bişirin.

Qalan zeytun yağı, sarımsaq, limon suyu və duzu qarışdırın. Taymer dayandıqda, kələmi çıxarın və xidmət boşqabına köçürün. Sousu ilə çiləyiniz. Zoğal ilə bəzəyin.

Pomidor sousu ilə sitrus qarğıdalı

Hazırlanma + bişirmə vaxtı: 55 dəqiqə | Porsiya: 8)

Tərkibi

⅓ fincan zeytun yağı

4 sünbül sarı qarğıdalı, qabıqlı

Dadmaq üçün duz və qara bibər

1 böyük pomidor, doğranmışdır

3 xörək qaşığı limon suyu

2 diş sarımsaq, doğranmışdır

1 serrano bibəri, toxumsuz

4 soğan, yalnız yaşıl hissələr, doğranmışdır

½ dəstə təzə keşniş yarpaqları, doğranmışdır

təlimatlar

Benmari hazırlayın və içinə Sous Vide qoyun. 186 F-yə qoyun. Lobyaları zeytun yağı ilə səpin, duz və istiot əlavə edin. Onları vakuum möhürlənmiş torbaya qoyun. Suyun yerdəyişməsi üsulu ilə havanı buraxın, çantanı bağlayın və su banyosuna batırın. 45 dəqiqə bişirin.

Bu vaxt bir qabda pomidor, əhəng suyu, sarımsaq, serrano bibəri, silantro və qalan yağı qarışdırın. Qrili yüksək istilikdə əvvəlcədən qızdırın.

Taymer dayandıqda, saqqalları çıxarın və qril üzərinə qoyun və 2-3 dəqiqə bişirin. Sərin buraxın. Kəpəklərin nüvələrini kəsin və üzərinə pomidor sousunu tökün. Balıq, salat və ya tortilla çipsləri ilə xidmət edin.

Küncüt ilə zəncəfil Tamari Brüssel kələmi

Hazırlanma + bişirmə vaxtı: 43 dəqiqə | Porsiyalar: 6

Tərkibi

1½ funt Brüssel kələmi, yarıya endirildi

2 diş sarımsaq, doğranmışdır

2 xörək qaşığı bitki yağı

1 xörək qaşığı tamari sousu

1 stəkan. rəndələnmiş zəncəfil

¼ çay qaşığı qırmızı bibər lopaları

¼ çay qaşığı qızardılmış susam yağı

1 xörək qaşığı küncüt toxumu

təlimatlar

Bain-marie hazırlayın və içinə Sous Vide qoyun. 186 F-yə qoyun. Orta istilikdə bir tava qızdırın və sarımsaq, bitki yağı, tamari sousu, zəncəfil və qırmızı bibər lopalarını qarışdırın. 4-5 dəqiqə bişirin. Bir kənara qoyun.

Brüssel kələmini vakuumla bağlanmış torbaya qoyun və tamari qarışığına tökün. Suyun yerdəyişməsi üsulu ilə havanı buraxın, çantanı bağlayın və su banyosuna batırın. 30 dəqiqə bişirin.

Taymer dayandıqda çantanı çıxarın və mətbəx dəsmalı ilə qurudun. Pişirmə şirələri üçün ehtiyat toplayın. Cücərtiləri bir qaba qoyun və küncüt yağı ilə çiləyiniz. Cücərtiləri bir boşqaba qoyun və yemək suyu ilə səpin. Küncüt toxumu ilə bəzəyin.

Çuğundur salatı

Hazırlanma + bişirmə vaxtı: 2 saat 25 dəqiqə | Porsiyalar: 3

Tərkibi:

1 ¼ fincan çuğundur, kəsilmiş və kiçik parçalara kəsilmiş
1 stəkan təzə ispanaq, doğranmış
2 xörək qaşığı zeytun yağı
1 xörək qaşığı limon suyu, təzə sıxılmış
1 qaşıq balzam sirkəsi
2 diş sarımsaq, əzilmiş
1 qaşıq kərə yağı
Dadmaq üçün duz və qara bibər

Təlimatlar:

Çuğundurları yaxşıca yuyun və təmizləyin. Kiçik parçalara kəsin və kərə yağı və əzilmiş sarımsaq ilə vakuum möhürlənmiş torbaya qoyun. Sous Vide-də 2 saat 185 F-də bişirin. Soyumaq üçün kənara qoyun.

Böyük bir qazan su qaynadın və ispanaq əlavə edin. Bir dəqiqə qaynadın və istidən çıxarın. Yaxşı qurudun. Vakuum möhürlənmiş torbaya köçürün və Sous Vide-də 180 F-də 10 dəqiqə bişirin. Su banyosundan çıxarın və tamamilə soyumağa icazə verin. Böyük bir qaba qoyun və bişmiş çuğunduru əlavə edin. Duz, istiot, sirkə, zeytun yağı və limon suyu ilə ədviyyat edin. Dərhal xidmət edin.

Nanə ilə yaşıl sarımsaq

Hazırlanma + bişirmə vaxtı: 30 dəqiqə | Porsiyalar: 2

Tərkibi:

½ fincan təzə hindiba, cırıq

½ fincan yabanı qulançar, incə doğranmışdır

½ fincan İsveçrə pazı, doğranmışdır

¼ fincan təzə nanə, doğranmışdır

¼ fincan arugula, cırıq

2 diş sarımsaq, doğranmışdır

½ çay qaşığı duz

4 xörək qaşığı limon suyu, təzə sıxılmış

2 xörək qaşığı zeytun yağı

Təlimatlar:

Böyük bir qazanı duzlu su ilə doldurun və göyərti əlavə edin. 3 dəqiqə bişirin. Çıxarın və boşaltın. Əllərinizlə yumşaq bir şəkildə basın və göyərtiləri kəskin bıçaqla doğrayın. Böyük bir vakuum möhürlənmiş çantaya köçürün və Sous Vide-də 162 F-də 10 dəqiqə bişirin. Su banyosundan çıxarın və kənara qoyun.

Böyük bir tavada yağı orta istilikdə qızdırın. Sarımsağı əlavə edin və 1 dəqiqə qızardın. Yaşılları əlavə edin və duz əlavə edin. Təzə limon suyu ilə səpin və xidmət edin.

Ağ şərabda Brüssel kələmi

Hazırlanma + bişirmə vaxtı: 35 dəqiqə | Porsiyalar: 4

Tərkibi:

1 funt Brüssel kələmi, kəsilmiş
½ fincan əlavə bakirə zeytun yağı
½ fincan ağ şərab
Dadmaq üçün duz və qara bibər
2 xörək qaşığı təzə cəfəri, incə doğranmışdır
2 diş sarımsaq, əzilmiş

Təlimatlar:

Brüssel kələmini üç xörək qaşığı zeytun yağı ilə böyük vakuumla bağlanmış çantaya qoyun. Sous Vide-də 180 F-də 15 dəqiqə bişirin. Çantadan çıxarın.

Qalan yağı böyük yapışmayan tavada qızdırın. Brüssel kələmi, əzilmiş sarımsaq, duz və istiot əlavə edin. Qısa müddətə qızardın, tava bir neçə dəfə silkələyin, hər tərəfdən yüngülcə qızarana qədər. Şərabı əlavə edin və qaynadək gətirin. Yaxşı qarışdırın və istidən çıxarın. Üstünə doğranmış cəfəri səpin və xidmət edin.

Çuğundur və keçi pendirindən salat

Hazırlanma + bişirmə vaxtı: 2 saat 20 dəqiqə | Porsiyalar: 3

Tərkibi:

1 kq çuğundur, dilimlərə kəsilir
½ fincan badam, ağardılmış
2 xörək qaşığı fındıq, qabıqsız
2 xörək qaşığı zeytun yağı
1 diş sarımsaq, incə doğranmışdır
1 çay qaşığı kimyon tozu
1 çay qaşığı limon qabığı
dadmaq üçün duz
½ fincan keçi pendiri, xırdalanmış
Dekorasiya üçün təzə nanə yarpaqları

<u>Geyinmək:</u>
2 xörək qaşığı zeytun yağı
1 xörək qaşığı alma sirkəsi

Təlimatlar:

İkiqat qazan hazırlayın, içərisinə Sous Vide qoyun və 183F-ə qoyun.

Çuğundurları vakuumla bağlanmış torbaya qoyun. Suyun yerdəyişməsi üsulu ilə havanı buraxın, çantanı bağlayın və su banyosuna batırın və taymeri 2 saata təyin edin. Taymer dayandıqda çantanı çıxarın və açın. Çuğundurları bir kənara qoyun.

Tavanı orta atəşə qoyun, badam və fındıqları əlavə edin və 3 dəqiqə qovurun. Bir kəsmə taxtasına köçürün və doğrayın. Eyni tavaya yağ əlavə edin, sarımsaq və zirə əlavə edin. 30 saniyə bişirin. İstiliyi söndürün. Keçi pendiri, badam qarışığı, limon qabığı və sarımsaq qarışığını qaba əlavə edin. Qarışdırın. Üzərinə yağ və sirkəni əlavə edib, kənara qoyun. Yan yemək kimi xidmət edin.

Brokoli gül kələm şorbası

Hazırlanma + bişirmə vaxtı: 70 dəqiqə | Porsiyalar: 2

Tərkibi:

1 orta gül kələmi, kiçik dəstələrə kəsilir

½ kq brokoli, kiçik çiçəklərə kəsilmişdir

1 yaşıl bibər, doğranmışdır

1 soğan, doğranmış

1 qaşıq zeytun yağı

1 diş sarımsaq, əzilmiş

½ fincan tərəvəz suyu

½ fincan yağsız süd

Təlimatlar:

İkiqat qazan hazırlayın, içərisinə Sous Vide qoyun və 185F-ə qoyun.

Gül kələm, brokoli, bolqar bibəri və ağ soğanı vakuumla bağlanan torbaya qoyun və içinə zeytun yağı tökün. Suyun yerdəyişməsi üsulu ilə havanı buraxın və çantanı bağlayın. Çantanı su banyosuna batırın. Taymeri 50 dəqiqəyə qoyun və bişirin.

Taymer dayandıqda çantanı çıxarın və açın. Tərəvəzləri bir qarışdırıcıya qoyun, sarımsaq və süd əlavə edin və hamarlanana qədər qarışdırın.

Tavanı orta atəşə qoyun, tərəvəz püresi və tərəvəz bulyonu əlavə edin və 3 dəqiqə bişirin. Duz və istiot əlavə edin. Yan yemək kimi isti xidmət edin.

Və ya nanə ilə noxud

Hazırlanma + bişirmə vaxtı: 25 dəqiqə | Porsiyalar: 2

Tərkibi:

1 qaşıq kərə yağı

½ fincan noxud

1 xörək qaşığı nanə yarpağı, doğranmışdır

Bir az duz

dadmaq üçün şəkər

Təlimatlar:

İkiqat qazan hazırlayın, içərisinə Sous Vide qoyun və temperaturu 183 F-ə qoyun. Bütün inqrediyentləri vakuumla bağlanan çantaya qoyun. Suyun yerdəyişməsi üsulundan istifadə edərək havanı buraxın, bağlayın və vannaya batırın. 15 dəqiqə bişirin.

Taymer dayandıqda çantanı çıxarın və açın. Tərkibləri xidmət boşqabına köçürün. Bir ədviyyat kimi xidmət edin.

Brüssel kələmi şirin şərbətdə

Hazırlanma + bişirmə vaxtı: 75 dəqiqə | Porsiyalar: 3

Tərkibi:

4 kq Brüssel kələmi, parçalanmış
3 xörək qaşığı zeytun yağı
¾ fincan balıq sousu
3 xörək qaşığı su
2 xörək qaşığı şəkər
1 ½ xörək qaşığı düyü sirkəsi
2 xörək qaşığı limon suyu
3 qırmızı bibər, incə dilimlənmiş
2 diş sarımsaq, doğranmışdır

Təlimatlar:

Bain-marie hazırlayın, içinə Sous Vide qoyun və 183 F-yə qoyun. Brüssel kələmini, duzu və yağı vakuumla möhürlənmiş torbaya tökün, suyun yerdəyişməsi üsulu ilə havanı buraxın, möhürləyin və çantanı vannaya batırın. Maria. Taymeri 50 dəqiqəyə təyin edin.

Taymer dayandıqda, çantanı çıxarın, möhürü açın və brüssel kələmini folqa ilə örtülmüş çörək qabına qoyun. Qrili yüksək dərəcədə qızdırın, qabı üzərinə qoyun və 6 dəqiqə bişirin. Brüssel kələmini bir qaba qoyun.

Sousu hazırlayın: Bir qabda sadalanan yeməklərin qalan hissəsini əlavə edin və qarışdırın. Brüssel kələminə sousu əlavə edib yaxşıca qarışdırın. Yan yemək kimi xidmət edin.

Ot pendiri ilə turp

Hazırlanma + bişirmə vaxtı: 1 saat 15 dəqiqə | Porsiyalar: 3

Tərkibi:

10 unsiya keçi pendiri

4 unsiya krem pendir

¼ fincan qırmızı bolqar bibəri, doğranmışdır

3 qaşıq pesto

3 xörək qaşığı limon suyu

2 xörək qaşığı cəfəri

2 diş sarımsaq

9 böyük turp, dilimlənmiş

Təlimatlar:

Benmari hazırlayın, içinə Sous Vide qoyun və temperaturu 181 F-ə qoyun. Turp dilimlərini vakuumla bağlanan çantaya qoyun, havanı buraxın və çantanı bağlayın. Çantanı su banyosuna batırın və taymeri 1 saata qoyun.

Qalan sadalanan inqrediyentləri bir qabda qarışdırın və qarışığı boru torbasına tökün. Bir kənara qoyun. Taymer dayandıqda çantanı çıxarın və açın. Turp dilimlərini nimçəyə düzün və hər dilimin üzərinə pendir qarışığını qaşıqlayın. Qəlyanaltı kimi xidmət edin.

balsamik bişmiş kələm

Hazırlanma + bişirmə vaxtı: 1 saat 45 dəqiqə | Porsiyalar: 3

Tərkibi:

1 kq qırmızı kələm, yarıya bölünmüş və nüvəsi çıxarılmışdır
1 soğan, incə dilimlənmiş
2 diş sarımsaq, incə dilimlənmiş
½ xörək qaşığı balzam sirkəsi
½ xörək qaşığı duzsuz kərə yağı
dadmaq üçün duz

Təlimatlar:

İkiqat qazan hazırlayın, içərisinə Sous Vide qoyun və temperaturu 185 F-ə qoyun. Kələmi və qalan inqrediyentləri vakuumla bağlanan 2 torbaya bölün. Suyun yerdəyişməsi üsulundan istifadə edərək havanı buraxın və torbaları bağlayın. Onları ikiqat qazana qoyun və taymeri 1 saat 30 dəqiqə bişirmək üçün təyin edin.

Taymer dayandıqda, çantaları çıxarın və açın. Kələmi şirələrlə birlikdə xidmət boşqablarına köçürün. Dadmaq üçün duz və sirkə əlavə edin. Yan yemək kimi xidmət edin.

qaynadılmış pomidor

Hazırlanma + bişirmə vaxtı: 45 dəqiqə | Porsiyalar: 3

Tərkibi:

4 stəkan albalı pomidoru

5 xörək qaşığı zeytun yağı

½ xörək qaşığı təzə rozmarin yarpaqları, doğranmışdır

½ xörək qaşığı təzə kəklikotu yarpaqları, doğranmışdır

Dadmaq üçün duz və qara bibər

Təlimatlar:

İkiqat qazan hazırlayın, içərisinə Sous Vide qoyun və 131 F-ə qoyun. Sadalanan inqrediyentləri vakuumla bağlanan 2 torbaya bölün, duz və istiot əlavə edin. Suyun yerdəyişməsi üsulundan istifadə edərək havanı buraxın və torbaları bağlayın. Onları ikiqat qazana qoyun və taymeri 30 dəqiqə bişirmək üçün təyin edin.

Taymer dayanan kimi çantaları çıxarın və açın. Pomidorları suyu ilə bir qaba köçürün. Yan yemək kimi xidmət edin.

Ratatouille

Hazırlanma + bişirmə vaxtı: 2 saat 10 dəqiqə | Porsiyalar: 3

Tərkibi:

2 zucchini, dilimlənmiş

2 pomidor, doğranmış

2 qırmızı bibər, toxumlanmış və 2 düymlük kublara kəsilmişdir

1 kiçik badımcan, dilimlənmiş

1 soğan, 1 düymlük kublara kəsin

dadmaq üçün duz

½ qırmızı bibər lopaları

8 diş sarımsaq, əzilmiş

2 ½ xörək qaşığı zeytun yağı

5 budaq + 2 reyhan yarpağı

Təlimatlar:

İkiqat qazan hazırlayın, içinə Sous Vide qoyun və 185 F-ə qoyun. Pomidor, balqabaq, soğan, bolqar bibəri və badımcanı hər birini vakuumla bağlanmış 5 ayrı torbaya qoyun. Hər torbaya sarımsaq, reyhan yarpaqları və 1 xörək qaşığı zeytun yağı qoyun. Suyun yerdəyişməsi üsulu ilə havanı buraxın, kisələri bağlayın və su banyosuna batırın və taymeri 20 dəqiqə təyin edin.

Taymer dayandıqda, pomidor torbasını çıxarın. Bir kənara qoyun. Taymeri 30 dəqiqəyə sıfırlayın. Taymer dayandıqda, zucchini və qırmızı bibər çantalarını çıxarın. Bir kənara qoyun. Taymeri 1 saata sıfırlayın.

Taymer dayandıqda, qalan çantaları çıxarın və sarımsaq və reyhan yarpaqlarını atın. Pomidorları qaba əlavə edin və qaşıqla yüngülcə əzin. Tərəvəzlərin qalan hissəsini doğrayın və pomidorlara əlavə edin. Duz, qırmızı bibər lopaları, qalan zeytun yağı və reyhan əlavə edin. Yan yemək kimi xidmət edin.

Pomidor şorbası

Hazırlanma + bişirmə vaxtı: 60 dəqiqə | Porsiyalar: 3

Tərkibi:

2 kq pomidor yarıya bölünür

1 soğan, doğranmış

1 kərəviz sapı, doğranmışdır

3 xörək qaşığı zeytun yağı

1 xörək qaşığı tomat püresi

Bir çimdik şəkər

1 dəfnə yarpağı

Təlimatlar:

Benmari hazırlayın, içinə Sous Vide qoyun və 185 F-yə qoyun. Duzdan başqa sadalanan bütün inqrediyentləri bir qaba qoyun və qarışdırın. Onları vakuum möhürlənmiş torbaya qoyun. Suyun yerdəyişməsi üsulu ilə havanı buraxın, çantanı bağlayın və su banyosuna batırın. Taymeri 40 dəqiqəyə təyin edin.

Taymer dayandıqda çantanı çıxarın və açın. Tərkibləri blenderdə çalın. Çırpılmış pomidoru tavaya tökün və orta istilikdə qızdırın. Duz səpin və 10 dəqiqə bişirin. Şorbanı qablara tökün və sərinləyin. Az karbohidratlı çörək ilə isti xidmət edin.

Qovrulmuş çuğundur

Hazırlanma + bişirmə vaxtı: 1 saat 15 dəqiqə | Porsiyalar: 3

Tərkibi:

2 çuğundur, soyulmuş və 1 düymlük parçalara kəsilmişdir

⅓ fincan balzam sirkəsi

½ çay qaşığı zeytun yağı

⅓ fincan qızardılmış qoz

⅓ fincan rəndələnmiş Grana Padano pendiri

Dadmaq üçün duz və qara bibər

Təlimatlar:

Su hamamı hazırlayın, içərisinə Sous Vide qoyun və temperaturu 183 F-ə qoyun. Çuğundur, sirkə və duzu vakuumla bağlanan çantaya qoyun. Suyun yerdəyişməsi üsulu ilə havanı buraxın, çantanı bağlayın və su banyosuna batırın. Taymeri 1 saata təyin edin.

Taymer dayandıqda çantanı çıxarın və açın. Çuğundurları bir qaba qoyun, zeytun yağı əlavə edin və qarışdırın. Üzərinə qoz və pendir səpin. Yan yemək kimi xidmət edin.

Badımcanlı lazanya

Hazırlanma + bişirmə vaxtı: 3 saat | Porsiyalar: 3

Tərkibi:

1 kq badımcan, soyulmuş və incə dilimlənmişdir

1 qaşıq duz

1 stəkan pomidor sousu, 3 hissəyə bölünür

2 unsiya təzə mozzarella, incə dilimlənmiş

1 unsiya Parmesan pendiri, qızardılmış

2 unsiya İtalyan qarışığı pendiri, rəndələnmişdir

3 xörək qaşığı təzə reyhan, doğranmışdır

Dam:

½ xörək qaşığı makadamiya qoz-fındıqları, qızardılmış və doğranmışdır

1 unsiya Parmesan pendiri, qızardılmış

1 unsiya İtalyan pendir qarışığı, rəndələnmişdir

Təlimatlar:

İkiqat qazan hazırlayın, onu Sous Vide-ə qoyun və temperaturu 183 F-ə qoyun. Badımcanları duz ilə səpin. Yan tərəfinə vakuum möhürləyici torba qoyun, badımcanın yarısını qoyun, pomidor sousunu yayın, mozzarella, sonra parmezanı, sonra pendir və reyhan qarışığını qatlayın. Pomidor sousunun başqa bir hissəsi ilə örtün.

Çantanı mümkün qədər düz tutaraq, su ekstruziya üsulu ilə diqqətlə bağlayın. Çantanı su banyosuna batırın. Taymeri 2 saata qoyun və bişirin. İlk 30 dəqiqə ərzində 2-3 dəfə nəfəs alın, çünki badımcan bişərkən qaz buraxır.

Taymer dayandıqda çantanı diqqətlə çıxarın və çantadan mayeni buraxmaq üçün çantanın küncünü sancaqla vurun. Çantanı xidmət boşqabına qoyun, üstünü açın və lazanyanı boşqabın üzərinə yumşaq bir şəkildə sürüşdürün. Üstünə qalan pomidor sousu, makadamiya qoz-fındıqları, pendir qarışığı və Parmesan pendiri əlavə edin. Pendiri üfleyici ilə əridin və qızardın.

Göbələk supu

Hazırlanma + bişirmə vaxtı: 50 dəqiqə | Porsiyalar: 3

Tərkibi:

1 kq qarışıq göbələk

2 soğan, doğranmış

3 diş sarımsaq

2 budaq doğranmış cəfəri

2 xörək qaşığı kəklikotu tozu

2 xörək qaşığı zeytun yağı

2 stəkan krem

2 stəkan tərəvəz suyu

Təlimatlar:

İkiqat qazan hazırlayın, içərisinə Sous Vide qoyun və temperaturu 185 F-ə qoyun. Göbələkləri, soğanı və kərəvizi vakuumla bağlanan çantaya qoyun. Suyun yerdəyişməsi üsulu ilə havanı buraxın, çantanı bağlayın və su banyosuna batırın. Taymeri 30 dəqiqəyə təyin edin. Taymer dayandıqda çantanı çıxarın və açın.

Çantadakı inqrediyentləri blenderdə qarışdırın. Tavanı orta atəşə qoyun, yağ əlavə edin. İstiləşməyə başlayan kimi püresi göbələkləri və qaymaqdan başqa qalan inqrediyentləri əlavə edin. 10 dəqiqə bişirin. Yanğını söndürün və süd kremini əlavə edin. Yaxşı qarışdırın və xidmət edin.

Vegetarian Parmesan Risotto

Hazırlanma + bişirmə vaxtı: 65 dəqiqə | Porsiyalar: 5

Tərkibi:

2 stəkan arborio düyü

½ fincan düz ağ düyü

1 stəkan tərəvəz suyu

1 stəkan su

6-8 unsiya rəndələnmiş Parmesan pendiri

1 ədəd doğranmış soğan

1 qaşıq kərə yağı

Dadmaq üçün duz və qara bibər

Təlimatlar:

Bain-marie hazırlayın və içinə Sous Vide qoyun. Temperaturu 185 F-ə qoyun. Orta istilikdə bir qazanda kərə yağı əridin. Soğan, düyü və ədviyyatlar əlavə edib bir neçə dəqiqə bişirin. Vakuumla bağlana bilən çantaya köçürün. Suyun yerdəyişməsi üsulu ilə havanı buraxın, çantanı bağlayın və su banyosuna batırın. Taymeri 50 dəqiqəyə təyin edin. Taymer dayandıqda, çantanı çıxarın və Parmesan pendirini qarışdırın.

Yaşıl şorba

Hazırlanma + bişirmə vaxtı: 55 dəqiqə | Porsiyalar: 3

Tərkibi:

4 stəkan tərəvəz suyu

1 qaşıq zeytun yağı

1 diş sarımsaq, əzilmiş

1 düym zəncəfil, dilimlənmiş

1 ç.q keşniş tozu

1 böyük zucchini, doğranmışdır

3 stəkan kələm

2 stəkan brokoli, çiçəklərə kəsilmiş

1 limon, sıxılmış və rəndələnmişdir

Təlimatlar:

İkiqat qazan hazırlayın, içərisinə Sous Vide qoyun və temperaturu 185 F-ə qoyun. Brokoli, balqabaq, kələm və cəfərini vakuumla bağlanan çantaya qoyun. Suyun yerdəyişməsi üsulu ilə havanı buraxın, çantanı bağlayın və su banyosuna batırın. Taymeri 30 dəqiqəyə təyin edin.

Taymer dayandıqda çantanı çıxarın və açın. Buxarlanmış inqrediyentləri sarımsaq və zəncəfillə birlikdə blenderə əlavə edin. Hamarlanana qədər püresi. Yaşıl püresi tavaya tökün və sadalanan inqrediyentlərin qalan hissəsini əlavə edin. Tavanı orta atəşə qoyun və 10 dəqiqə bişirin. Yüngül yemək kimi xidmət edin.

Qarışıq tərəvəz şorbası

Hazırlanma + bişirmə vaxtı: 55 dəqiqə | Porsiyalar: 3

Tərkibi:

1 şirin soğan, dilimlənmiş

1 çay qaşığı sarımsaq tozu

2 stəkan zucchini kiçik kublara kəsilmişdir

3 unsiya Parmesan kremi

2 stəkan körpə ispanaq

2 xörək qaşığı zeytun yağı

1 çay qaşığı qırmızı bibər lopaları

2 stəkan tərəvəz suyu

1 budaq rozmarin

dadmaq üçün duz

Təlimatlar:

Benmari hazırlayın, içinə Sous Vide qoyun və 185 F-yə qoyun. Sarımsaq və duzdan başqa bütün inqrediyentləri zeytun yağı ilə qarışdırın və onları vakuumla bağlanan çantaya qoyun. Suyun yerdəyişməsi üsulu ilə havanı buraxın, çantanı bağlayın və su banyosuna batırın. Taymeri 30 dəqiqəyə təyin edin.

Taymer dayandıqda çantanı çıxarın və açın. Rozmarin atın. Qalan maddələri tavaya tökün, duz və sarımsaq tozu əlavə edin. Tavanı orta atəşə qoyun və 10 dəqiqə bişirin. Yüngül yemək kimi xidmət edin.

Dumanlı Bibər Wontons

Hazırlanma + bişirmə vaxtı: 5 saat 15 dəqiqə | Porsiyalar: 9)

Tərkibi:

10 unsiya Wonton Sarğı

10 unsiya seçilmiş tərəvəz, qızardılmış

2 yumurta

1 qaşıq zeytun yağı

½ çay qaşığı çili tozu

½ çay qaşığı hisə verilmiş paprika

½ çay qaşığı sarımsaq tozu

Dadmaq üçün duz və qara bibər

Təlimatlar:

Benmari hazırlayın və içinə Sous Vide qoyun. Onu 165F-ə qoyun.

Yumurtaları ədviyyatlarla birlikdə çalın. Tərəvəz və yağ əlavə edin. Qarışığı vakuumla bağlana bilən torbaya tökün - Suyun yerdəyişməsi üsulu ilə havanı buraxın, möhürləyin və çantanı su banyosuna batırın. Taymeri 5 saata təyin edin.

Taymer dayandıqda, çantanı çıxarın və bir qaba köçürün. Qarışığı ravioli arasına bölün, yuvarlayın və kənarlarını çimdik. Orta istilikdə 4 dəqiqə qaynar suda bişirin.

Quinoa və kərəviz düyü yeməyi

Hazırlanma + bişirmə vaxtı: 2 saat 25 dəqiqə | Porsiyalar: 6

Tərkibi

1 kərəviz, doğranmış

1 xörək qaşığı miso pastası

6 diş sarımsaq

5 budaq kəklikotu

1 çay qaşığı soğan tozu

3 xörək qaşığı rikotta

1 xörək qaşığı xardal toxumu

¼ böyük limonun suyu

5 kobud doğranmış albalı pomidoru

Doğranmış cəfəri

8 oz vegan yağı

8 unsiya bişmiş quinoa

təlimatlar

Benmari hazırlayın və içinə Sous Vide qoyun. Onu 186F-ə qoyun.

Eyni zamanda, tavanı orta istilikdə qızdırın və sarımsaq, kəklikotu, xardal toxumu əlavə edin. Təxminən 2 dəqiqə bişirin. Kərə yağı əlavə edin və qızılı qədər qarışdırın. Soğan tozu ilə qarışdırın və kənara qoyun. Otaq temperaturunda soyumağa icazə verin. Kərəvizi vakuumla bağlanmış çantaya qoyun. Suyun yerdəyişməsi üsulu ilə havanı buraxın, çantanı bağlayın və su banyosuna batırın. 2 saat bişirin.

Taymer dayandıqda, çantanı çıxarın və tavaya qoyun və qızıl qəhvəyi rəngə qədər qarışdırın. Miso ilə mövsüm. Bir kənara qoyun. Tavanı orta istilikdə qızdırın, pomidor, xardal və quinoa əlavə edin. Limon suyu və cəfəri ilə birləşdirin. Kərəviz və pomidor qarışığı ilə xidmət edin.

Turp və reyhan salatı

Hazırlanma + bişirmə vaxtı: 50 dəqiqə | Porsiyalar: 2

Tərkibi:

20 kiçik turp, kəsilmiş

1 xörək qaşığı ağ şərab sirkəsi

¼ fincan doğranmış reyhan

½ fincan feta pendiri

1 qaşıq şəkər

1 qaşıq su

¼ çay qaşığı duz

Təlimatlar:

Benmari hazırlayın və içinə Sous Vide qoyun. Temperaturu 200 F-ə qoyun. Turpları vakuumla bağlanan böyük bir çantaya qoyun və sirkə, şəkər, duz və su əlavə edin. Birləşdirmək üçün silkələyin. Suyun yerdəyişməsi üsulu ilə havanı buraxın, möhürləyin və su banyosuna batırın. 30 dəqiqə bişirin. Taymer dayandıqda çantanı çıxarın və buz banyosunda sərinləyin. İsti xidmət edin. Fesləğen və feta pendiri ilə xidmət edin.

çili qarışığı

Hazırlanma + bişirmə vaxtı: 35 dəqiqə | Porsiyalar: 2

Tərkibi:

1 qırmızı bolqar bibəri, doğranmışdır
1 sarı bolqar bibəri, doğranmışdır
1 yaşıl bibər, doğranmışdır
1 böyük portağal bolqar bibəri, doğranmışdır
dadmaq üçün duz

Təlimatlar:

İkiqat qazan hazırlayın, onu Sous Vide-yə qoyun və temperaturu 183 F-ə qoyun. Bütün duzlu bibərləri vakuumla bağlanan çantaya qoyun. Suyun yerdəyişməsi üsulu ilə havanı buraxın, bağlayın və su banyosuna batırın. Taymeri 15 dəqiqəyə təyin edin. Taymer dayandıqda çantanı çıxarın və açın. Bibərləri şirəsi ilə birlikdə garnitür olaraq xidmət edin.

Quinoa zerdeçal keşniş

Hazırlanma + bişirmə vaxtı: 105 dəqiqə | Porsiyalar: 6

Tərkibi:

3 stəkan quinoa

2 stəkan xama

½ fincan su

3 xörək qaşığı keşniş yarpağı

2 çay qaşığı zerdeçal tozu

1 qaşıq kərə yağı

½ xörək qaşığı duz

Təlimatlar:

Benmari hazırlayın və içinə Sous Vide qoyun. 180F-ə təyin edin.

Bütün inqrediyentləri vakuumla bağlanan çantaya qoyun. Yaxşı qarışdırmaq üçün qarışdırın. Suyun yerdəyişməsi üsulu ilə havanı buraxın, çantanı bağlayın və su banyosuna batırın. Taymeri 90 dəqiqəyə təyin edin. Taymer dayandıqda çantanı çıxarın. İsti xidmət edin.

Oregano ağ lobya

Hazırlanma + bişirmə vaxtı: 5 saat 15 dəqiqə | Porsiyalar: 8

Tərkibi:

12 unsiya ağ lobya

1 stəkan tomat pastası

8 oz tərəvəz suyu

1 qaşıq şəkər

3 xörək qaşığı kərə yağı

1 stəkan doğranmış soğan

1 bolqar bibəri, doğranmış

1 qaşıq oregano

2 xörək qaşığı paprika

Təlimatlar:

Benmari hazırlayın və içinə Sous Vide qoyun. 185F-ə təyin edin.

Bütün inqrediyentləri vakuum möhürlənmiş torbada qarışdırın. Qarışdırmaq üçün qarışdırın. Suyun yerdəyişməsi üsulu ilə havanı buraxın, çantanı bağlayın və su banyosuna batırın. Taymeri 5 saata təyin edin. Taymer dayandıqda çantanı çıxarın. İsti xidmət edin.

Kartof və xurma salatı

Hazırlanma + bişirmə vaxtı: 3 saat 15 dəqiqə | Porsiyalar: 6

Tərkibi:

2 kilo kartof, doğranmış

5 unsiya xurma, doğranmışdır

½ fincan xırdalanmış keçi pendiri

1 qaşıq oregano

1 qaşıq zeytun yağı

1 xörək qaşığı limon suyu

3 xörək qaşığı kərə yağı

1 çay qaşığı keşniş

1 qaşıq duz

1 qaşıq doğranmış cəfəri

¼ çay qaşığı sarımsaq tozu

Təlimatlar:

Benmari hazırlayın və içinə Sous Vide qoyun. 190F-ə təyin edin.

Kartof, yağ, xurma, oregano, cilantro və duzu vakuumla bağlanan çantaya qoyun. Suyun yerdəyişməsi üsulu ilə havanı buraxın, çantanı bağlayın və su banyosuna batırın. Taymeri 3 saata təyin edin.

Taymer dayandıqda, çantanı çıxarın və bir qaba köçürün. Zeytun yağı, limon suyu, cəfəri və sarımsaq tozunu çalın və salatın üzərinə səpin. Pendir istifadə edirsinizsə, üstünə səpin.

bibər noxudları

Hazırlanma + bişirmə vaxtı: 3 saat 10 dəqiqə | Porsiyalar: 4

Tərkibi:

10 unsiya taxıl

4 xörək qaşığı kərə yağı

1 ½ çay qaşığı paprika

10 unsiya su

½ çay qaşığı sarımsaq duzu

Təlimatlar:

Benmari hazırlayın və içinə Sous Vide qoyun. 180F-ə təyin edin.

Bütün inqrediyentləri vakuumla bağlanan çantaya qoyun. Bir qaşıqla yaxşıca qarışdırın. Suyun yerdəyişməsi üsulu ilə havanı buraxın, çantanı bağlayın və su banyosuna batırın. Taymeri 3 saata təyin edin. Taymer dayandıqda çantanı çıxarın. 4 xidmət qabı arasında bölün.

Tərəvəz və üzüm qarışığı

Hazırlanma + bişirmə vaxtı 105 dəqiqə | Porsiyalar: 9)

Tərkibi:

8 şirin kartof dilimlərə kəsilir
2 qırmızı soğan, dilimlənmiş
4 unsiya pomidor, püresi
1 x.q doğranmış sarımsaq
Dadmaq üçün duz və qara bibər
1 qaşıq üzüm suyu

Təlimatlar:

Bain-marie hazırlayın və içinə Sous Vide qoyun. Temperaturu 183 F-ə təyin edin. Bütün inqrediyentləri ¼ fincan su ilə vakuumla bağlanan çantaya qoyun. Suyun yerdəyişməsi üsulu ilə havanı buraxın, çantanı bağlayın və su banyosuna batırın. Taymeri 90 dəqiqəyə təyin edin. Taymer dayandıqda çantanı çıxarın. İsti xidmət edin.

Bir kasa noxud və nanə göbələyi

Hazırlanma + bişirmə vaxtı: 4 saat 15 dəqiqə | Porsiyalar: 8

Tərkibi:

9 unsiya göbələk

3 stəkan tərəvəz suyu

1 kilo noxud bir gecədə isladılır və süzülür

1 qaşıq kərə yağı

1 qaşıq paprika

1 qaşıq xardal

2 xörək qaşığı pomidor suyu

1 qaşıq duz

¼ fincan doğranmış nanə

1 qaşıq zeytun yağı

Təlimatlar:

Benmari hazırlayın və içinə Sous Vide qoyun. Temperaturu 195 F-ə qoyun. Bulyonu və noxudu vakuumla bağlana bilən torbaya qoyun. Suyun yerdəyişməsi üsulu ilə havanı buraxın, çantanı bağlayın və su banyosuna batırın. Taymeri 4 saata təyin edin.

Taymer dayandıqda çantanı çıxarın. Yağı tavada orta istilikdə qızdırın. Göbələk, pomidor suyu, paprika, duz və xardal əlavə edin. 4 dəqiqə bişirin. Noxudları süzüb tavaya əlavə edin. Daha 4 dəqiqə bişirin. Kərə yağı və nanə ilə qarışdırın.

tərəvəz kaponata

Hazırlanma + bişirmə vaxtı: 2 saat 15 dəqiqə | Porsiyalar: 4

Tərkibi:

4 konservləşdirilmiş gavalı pomidor, əzilmiş

2 bibər, dilimlənmiş

2 zucchini, dilimlənmiş

½ soğan, dilimlənmiş

2 badımcan, dilimlənmiş

6 diş sarımsaq, doğranmışdır

2 xörək qaşığı zeytun yağı

6 reyhan yarpağı

Dadmaq üçün duz və qara bibər

Təlimatlar:

Benmari hazırlayın və içinə Sous Vide qoyun. Temperaturu 185 F-ə təyin edin. Bütün inqrediyentləri vakuumla bağlanan çantada birləşdirin. Suyun yerdəyişməsi üsulu ilə havanı buraxın, çantanı bağlayın və su banyosuna batırın. Taymeri 2 saata təyin edin. Taymer dayandıqda onu boşqabın üzərinə qoyun.

Limon ilə qızardılmış İsveçrə pazı

Hazırlanma + bişirmə vaxtı: 25 dəqiqə | Porsiyalar: 2

2 funt İsveçrə pazı

4 xörək qaşığı sızma zeytun yağı

2 diş sarımsaq, əzilmiş

1 bütöv limon, sıxılmış

2 çay qaşığı dəniz duzu

Təlimatlar:

İsveçrə pazısını yaxşıca yuyun və ələkdən süzün. Kəskin bıçaqla qaba doğrayın və böyük bir qaba köçürün. 4 xörək qaşığı zeytun yağı, əzilmiş sarımsaq, limon suyu və dəniz duzunu qarışdırın. Böyük vakuumla bağlana bilən çantaya köçürün və möhürləyin. 180 F-də 10 dəqiqə sous vide ilə bişirin.

Tərəvəz püresi

Hazırlanma + bişirmə vaxtı: 3 saat 15 dəqiqə | Porsiyalar: 4

Tərkibi:

2 zucchini, soyulmuş və doğranmışdır

1 şalgam, soyulmuş və doğranmışdır

1 böyük şirin kartof, soyulmuş və doğranmışdır

1 qaşıq kərə yağı

Dadmaq üçün duz və qara bibər

bir çimdik muskat qozu

¼ çay qaşığı kəklikotu

Təlimatlar:

Bain-marie hazırlayın və içinə Sous Vide qoyun. Temperaturu 185 F-ə qoyun. Tərəvəzləri vakuumla bağlana bilən çantaya qoyun. Suyun yerdəyişməsi üsulu ilə havanı buraxın, bağlayın və su banyosuna qoyun.3 saat qaynatın. Hazır olduqda, çantanı çıxarın və tərəvəzləri kartof püresi ilə əzin. Qalan maddələri əlavə edin.

Pomidor sousunda kələm və bibər

Hazırlanma + bişirmə vaxtı: 4 saat 45 dəqiqə | Porsiyalar: 6

Tərkibi:

2 kilo kələm, dilimlənmiş
1 stəkan dilimlənmiş bolqar bibəri
1 stəkan tomat pastası
2 soğan, dilimlənmiş
1 qaşıq şəkər
Dadmaq üçün duz və qara bibər
1 xörək qaşığı keşniş
1 qaşıq zeytun yağı

Təlimatlar:

Benmari hazırlayın və içinə Sous Vide qoyun. Onu 184F-ə qoyun.

Kələm və soğanı vakuum torbasına qoyun və ədviyyatlarla səpin. Tomat pastası əlavə edin və yaxşı qarışdırın. Suyun yerdəyişməsi üsulu ilə havanı buraxın, çantanı bağlayın və su banyosuna batırın. Taymeri 4 saat 30 dəqiqəyə təyin edin. Taymer dayandıqda çantanı çıxarın.

Xardal ilə mərcimək-pomidor yeməyi

Hazırlanma + bişirmə vaxtı: 105 dəqiqə | Porsiyalar: 8

Tərkibi:

2 stəkan mərcimək

1 ədəd doğranmış pomidor, qurudulmamış

1 stəkan yaşıl noxud

3 stəkan tərəvəz suyu

3 stəkan su

1 ədəd doğranmış soğan

1 yerkökü, dilimlənmiş

1 qaşıq kərə yağı

2 xörək qaşığı xardal

1 çay qaşığı qırmızı bibər lopaları

2 xörək qaşığı limon suyu

Dadmaq üçün duz və qara bibər

Təlimatlar:

Bain-marie hazırlayın və içinə Sous Vide qoyun. Temperaturu 192 F-ə təyin edin. Bütün inqrediyentləri böyük vakuumla bağlana bilən çantaya qoyun. Suyun yerdəyişməsi üsulundan istifadə edərək havanı buraxın, bağlayın və vannaya batırın. 90 dəqiqə bişirin.

Taymer dayandıqda, çantanı çıxarın və böyük bir qaba köçürün və xidmət etməzdən əvvəl qarışdırın.

Üzümlü paprika düyü plovu

Hazırlanma + bişirmə vaxtı: 3 saat 10 dəqiqə | Porsiyalar: 6

Tərkibi:

2 stəkan ağ düyü

2 stəkan tərəvəz suyu

⅔ stəkan su

3 xörək qaşığı kişmiş, doğranmış

2 xörək qaşığı xama

½ fincan doğranmış qırmızı soğan

1 bolqar bibəri, doğranmış

Dadmaq üçün duz və qara bibər

1 qaşıq kəklikotu

Təlimatlar:

Benmari hazırlayın və içinə Sous Vide qoyun. 180F-ə təyin edin.

Bütün inqredientləri vakuumla bağlanan çantaya qoyun. Yaxşı qarışdırmaq üçün qarışdırın. Suyun yerdəyişməsi üsulu ilə havanı buraxın, çantanı bağlayın və su banyosuna batırın. Taymeri 3 saata təyin edin. Taymer dayandıqda çantanı çıxarın. İsti xidmət edin.

qatıq şorbası

Hazırlanma + bişirmə vaxtı: 2 saat 20 dəqiqə | Porsiyalar: 4

Tərkibi

1 qaşıq zeytun yağı

1½ çay qaşığı kimyon

1 orta soğan, doğranmış

1 pırasa, yarıya bölünmüş və incə dilimlənmişdir

dadmaq üçün duz

2 kilo doğranmış yerkökü

1 dəfnə yarpağı

3 stəkan tərəvəz suyu

½ fincan tam südlü qatıq

Alma sirkəsi

təzə şüyüd yarpaqları

təlimatlar

Benmari hazırlayın və içinə Sous Vide qoyun. Temperaturu 186 F-ə qoyun. Zeytun yağını böyük bir tavada orta istilikdə qızdırın və zirə əlavə edin. Onları 1 dəqiqə qızardın. Soğan, duz və pırasa əlavə edin, 5-7 dəqiqə və ya yumşaq olana qədər qızardın. Böyük bir qabda soğan, dəfnə yarpağı, yerkökü və 1/2 xörək qaşığı duzu birləşdirin.

Qarışığı vakuumla möhürlənmiş torbaya paylayın. Suyun yerdəyişməsi üsulu ilə havanı buraxın, çantanı bağlayın və su banyosuna batırın. 2 saat bişirin.

Taymer dayandıqda çantanı çıxarın və bir qaba tökün. Tərəvəz bulyonu əlavə edin və qarışdırın. Qatıqla qarışdırın. Şorbaya bir az duz və sirkə əlavə edib şüyüd yarpaqları ilə bəzəyib süfrəyə verin.

yağlı balqabaq

Hazırlanma + bişirmə vaxtı: 1 saat 35 dəqiqə | Porsiyalar: 4

Tərkibi

2 xörək qaşığı kərə yağı

¾ fincan soğan, doğranmışdır

1 ½ funt zucchini, dilimlənmiş

Dadmaq üçün duz və qara bibər

½ fincan tam süd

2 böyük bütöv yumurta

½ fincan əzilmiş düz kartof çipsləri

təlimatlar

Benmari hazırlayın və içinə Sous Vide qoyun. 175F-ə təyin edin

Bu vaxt bəzi qabları yağlayın. Orta istilikdə böyük bir tava qızdırın və kərə yağı əridin. Soğan əlavə edin və 7 dəqiqə qızardın. Balqabağı əlavə edin, duz və istiot əlavə edin və 10 dəqiqə qızardın. Qarışığı qablara bölün. Sərin və ehtiyata buraxın.

Bir qabda süd, duz və yumurtanı çalın. Bibər ilə mövsüm. Qarışığı bankalara tökün, bağlayın və bankaları su banyosuna batırın. 60 dəqiqə bişirin. Taymer dayandıqda, bankaları çıxarın və 5 dəqiqə sərinləyin. Kartof qızartması ilə xidmət edin.

Köri və nektarin ilə zəncəfil chutney

Hazırlanma + bişirmə vaxtı: 60 dəqiqə | Porsiyalar: 3

Tərkibi

½ fincan dənəvər şəkər

½ fincan su

¼ fincan ağ şərab sirkəsi

1 diş sarımsaq, doğranmışdır

¼ fincan ağ soğan, incə doğranmışdır

1 əhəng suyu

2 çay qaşığı rəndələnmiş təzə zəncəfil

2 qaşıq köri tozu

Bir çimdik qırmızı bibər lopaları

Dadmaq üçün duz və qara bibər

Zövqə görə bibər lopaları

4 böyük nektarin, dilimlənmiş

¼ fincan doğranmış təzə reyhan

təlimatlar

Benmari hazırlayın və içinə Sous Vide qoyun. Onu 168F-ə qoyun.

Tava orta istilikdə qızdırın və su, şəkər, ağ şərab sirkəsi və sarımsağı qarışdırın. Şəkər yumşalana qədər qarışdırın. Limon suyu, soğan, köri tozu, zəncəfil və qırmızı bibər lopaları əlavə edin. Duz və qara bibər əlavə edin. Yaxşı silkələyin. Qarışığı vakuumla bağlana bilən torbaya qoyun. Suyun yerdəyişməsi üsulu ilə havanı buraxın, çantanı bağlayın və su banyosuna batırın. 40 dəqiqə bişirin.

Taymer dayandıqdan sonra çantanı çıxarın və buz banyosuna qoyun. Yeməyi xidmət qabına qoyun. Fesleğen ilə bəzəyin.

Rosemary ilə Russet Potato Confit

Hazırlanma + bişirmə vaxtı: 1 saat 15 dəqiqə | Porsiyalar: 4

Tərkibi

1 funt qəhvəyi yumruqlu kartof, doğranmışdır
dadmaq üçün duz
¼ çay qaşığı üyüdülmüş ağ bibər
1 çay qaşığı doğranmış təzə rozmarin
2 xörək qaşığı tam kərə yağı
1 qaşıq qarğıdalı yağı

təlimatlar

Bain-marie hazırlayın və içinə Sous Vide qoyun. 192 F-yə qoyun. Kartofu rozmarin, duz və istiot ilə səpin. Kartofu kərə yağı və yağla qarışdırın. Vakuum möhürlənmiş torbaya qoyun. Suyun yerdəyişməsi üsulu ilə havanı buraxın, çantanı bağlayın və su banyosuna batırın. 60 dəqiqə bişirin. Taymer dayandıqda çantanı çıxarın və böyük bir qaba köçürün. Kərə yağı ilə bəzəyib xidmət edin.

Armud köri və kokos kremi

Hazırlanma + bişirmə vaxtı: 1 saat 10 dəqiqə | Porsiyalar: 4

Tərkibi

2 armud, çubuqları soyulmuş, soyulmuş və dilimlənmişdir
1 xörək qaşığı köri tozu
2 qaşıq kokos kremi

təlimatlar

Benmari hazırlayın və içinə Sous Vide qoyun. Onu 186F-ə qoyun.

Bütün maddələri birlikdə qarışdırın və vakuum möhürlənmiş torbaya qoyun. Suyun yerdəyişməsi üsulu ilə havanı buraxın, çantanı bağlayın və su banyosuna batırın. 60 dəqiqə bişirin. Taymer dayandıqda çantanı çıxarın və böyük bir qaba köçürün. Servis boşqablarına bölün və xidmət edin.

Yumşaq brokoli püresi

Hazırlanma + bişirmə vaxtı: 2 saat 15 dəqiqə | Porsiyalar: 4

Tərkibi

Çiçəklərə kəsilmiş 1 baş brokoli
½ çay qaşığı sarımsaq tozu
dadmaq üçün duz
1 qaşıq kərə yağı
1 xörək qaşığı ağır krem

təlimatlar

Benmari hazırlayın və içinə Sous Vide qoyun. 183 F-yə qoyun. Brokoli, duz, sarımsaq tozu və xama ilə qarışdırın. Vakuum möhürlənmiş torbaya qoyun. Suyun yerdəyişməsi üsulu ilə havanı buraxın, çantanı bağlayın və su banyosuna batırın. 2 saat bişirin.

Taymer dayandıqda, çantanı çıxarın və nəbz etmək üçün bir qarışdırıcıya köçürün. Mövsüm edin və xidmət edin.

Ləzzətli xurma və manqo çutni

Hazırlanma + bişirmə vaxtı: 1 saat 45 dəqiqə | Porsiyalar: 4

Tərkibi

2 kilo doğranmış manqo

1 kiçik soğan, doğranmış

½ fincan açıq qəhvəyi şəkər

¼ fincan xurma

2 xörək qaşığı alma sirkəsi

2 xörək qaşığı təzə sıxılmış limon suyu

1½ çay qaşığı sarı xardal toxumu

1½ çay qaşığı keşniş toxumu

dadmaq üçün duz

¼ çay qaşığı köri tozu

¼ çay qaşığı qurudulmuş zerdeçal

⅛ çay qaşığı cayenne bibəri

təlimatlar

Benmari hazırlayın və içinə Sous Vide qoyun. Onu 183F-ə qoyun.

Bütün maddələri birlikdə yığın. Vakuum möhürlənmiş torbaya qoyun. Suyun yerdəyişməsi üsulu ilə havanı buraxın, çantanı bağlayın və su banyosuna batırın. 90 dəqiqə bişirin. Taymer dayandıqda, çantanı çıxarın və qazana tökün.

Mandarin və qoz-fındıq ilə yaşıl lobya salatı

Hazırlanma + bişirmə vaxtı: 1 saat 10 dəqiqə | Porsiya: 8)

Tərkibi

2 kilo yaşıl lobya, kəsilmiş
2 naringi
2 xörək qaşığı kərə yağı
dadmaq üçün duz
2 unsiya qoz

təlimatlar

Benmari hazırlayın və içinə Sous Vide qoyun. 186 F-yə qoyun. Yaşıl lobya, duz və kərə yağı ilə qarışdırın. Vakuum möhürlənmiş torbaya qoyun. Naringi qabığı və suyu əlavə edin. Suyun yerdəyişməsi üsulu ilə havanı buraxın, çantanı bağlayın və su banyosuna batırın. 1 saat bişirin. Taymer dayandıqda, çantanı çıxarın və bir qaba köçürün. Üstünə naringi qabığı və qoz əlavə edin.

Yaşıl noxudlu muskat qozu ilə krem

Hazırlanma + bişirmə vaxtı: 1 saat 10 dəqiqə | Porsiya: 8)

Tərkibi

1 kilo təzə yaşıl noxud

1 stəkan süd kremi

¼ fincan kərə yağı

1 qaşıq qarğıdalı nişastası

¼ çay qaşığı üyüdülmüş muskat

4 mixək

2 dəfnə yarpağı

dadmaq üçün qara bibər

təlimatlar

Benmari hazırlayın və içinə Sous Vide qoyun. 184 F-ə qoyun. Qarğıdalı nişastası, muskat qozu və kremi bir qabda qarışdırın. Qarğıdalı nişastası yumşalana qədər çalın.

Qarışığı vakuumla bağlana bilən torbaya qoyun. Suyun yerdəyişməsi üsulu ilə havanı buraxın, çantanı bağlayın və su banyosuna batırın. 1 saat bişirin. Taymer dayandıqda çantanı çıxarın və dəfnə yarpağını çıxarın. Xidmət edin.

Asan Brokoli Püresi

Hazırlanma + bişirmə vaxtı: 60 dəqiqə | Porsiyalar: 4

Tərkibi

1 baş brokoli
1 stəkan tərəvəz suyu
3 xörək qaşığı kərə yağı
dadmaq üçün duz

təlimatlar

Benmari hazırlayın və içinə Sous Vide qoyun. Onu 186F-ə qoyun.

Brokoli, kərə yağı və tərəvəz bulyonu əlavə edin. Vakuum möhürlənmiş torbaya qoyun. Suyun yerdəyişməsi üsulu ilə havanı buraxın, çantanı bağlayın və su banyosuna batırın. 45 dəqiqə bişirin.

Taymer dayandıqda çantanı çıxarın və boşaldın. Pişirmə şirələri üçün ehtiyat toplayın. Brokolini bir qarışdırıcıya qoyun və hamarlanana qədər qarışdırın. Bir az yemək suyu tökün. Xidmət etmək üçün duz və istiot əlavə edin.

Qırmızı bibər ilə brokoli şorbası

Hazırlanma + bişirmə vaxtı: 1 saat 25 dəqiqə | Porsiya: 8)

Tərkibi

2 xörək qaşığı zeytun yağı

1 böyük soğan, doğranmış

2 diş sarımsaq, dilimlənmiş

dadmaq üçün duz

⅛ ç.q. xırdalanmış qırmızı bibər lopaları

Çiçəklərə kəsilmiş 1 baş brokoli

1 alma, soyulmuş və doğranmışdır

6 stəkan tərəvəz suyu

təlimatlar

Benmari hazırlayın və içinə Sous Vide qoyun. Onu 183F-ə qoyun.

Tavanı orta istilikdə yağla qızılı rəng alana qədər qızdırın. Soğan, 1/4 xörək qaşığı duz və sarımsağı 7 dəqiqə qızardın. Çili lopalarını əlavə edin və yaxşı qarışdırın. İstidən çıxarın. Sərin buraxın.

Alma qarışığı, brokoli, soğan və 1/4 xörək qaşığı duzu vakuumla bağlanan çantaya qoyun. Suyun yerdəyişməsi üsulu ilə havanı buraxın, çantanı bağlayın və su banyosuna batırın. 1 saat bişirin.

Taymer dayandıqda, çantanı çıxarın və qazana qoyun. Tərəvəz bulyonu tökün və qarışdırın. Duz səpin və xidmət edin.

Küncüt və Bal ilə Miso Qarğıdalı Çili

Hazırlanma + bişirmə vaxtı: 45 dəqiqə | Porsiyalar: 4

Tərkibi

4 sünbül qarğıdalı

6 xörək qaşığı kərə yağı

3 xörək qaşığı qırmızı miso pastası

1 qaşıq bal

1 x.q ətirli bibər

1 qaşıq kolza yağı

1 soğan, incə dilimlənmiş

1 çay qaşığı qovrulmuş susam

təlimatlar

Benmari hazırlayın və içinə Sous Vide qoyun. 183 F-ə qoyun. Qarğıdalıları təmizləyin və qabıqları kəsin. Hər qarğıdalıya 2 xörək qaşığı kərə yağı tökün. Vakuum möhürlənmiş torbaya qoyun. Suyun yerdəyişməsi üsulu ilə havanı buraxın, çantanı bağlayın və su banyosuna batırın. 30 dəqiqə bişirin.

Eyni zamanda bir qabda 4 xörək qaşığı kərə yağı, 2 xörək qaşığı miso pastası, bal, kolza yağı və ətirli bibər qarışdırılır. Yaxşı silkələyin. Bir kənara qoyun. Taymer dayandıqda, çantanı çıxarın və qarğıdalıları bağlayın. Üzərinə miso qarışığını yayın. Küncüt yağı və soğan ilə bəzəyin.

Noxud ilə qaymaqlı Gnocchi

Hazırlanma + bişirmə vaxtı: 1 saat 50 dəqiqə | Porsiyalar: 2

Tərkibi

1 paket gnocchi

1 qaşıq kərə yağı

½ şirin soğan, incə dilimlənmiş

Dadmaq üçün duz və qara bibər

½ fincan dondurulmuş noxud

¼ fincan xama

½ fincan qızardılmış Pecorino Romano pendiri

təlimatlar

Benmari hazırlayın və içinə Sous Vide qoyun. 183 F-yə təyin edin. Gnocchi-ni vakuumla bağlanan çantaya qoyun. Suyun yerdəyişməsi üsulu ilə havanı buraxın, çantanı bağlayın və su banyosuna batırın. 1 saat 30 dəqiqə bişirin.

Taymer dayandıqda çantanı çıxarın və kənara qoyun. Tavanı orta istilikdə kərə yağı ilə qızdırın və soğanı 3 dəqiqə qızardın. Dondurulmuş noxud və krem əlavə edin və qaynadək gətirin. Gnocchi ilə qaymaqlı sousu birləşdirin, bibər və duz əlavə edin və boşqabda xidmət edin.

Bal və arugula salatı

Hazırlanma + bişirmə vaxtı: 3 saat 50 dəqiqə | Porsiyalar: 4

Tərkibi

2 xörək qaşığı bal

2 alma, çəyirdəkləri soyulmuş, yarıya bölünmüş və dilimlənmişdir

½ fincan qoz, qızardılmış və doğranmışdır

½ fincan qızardılmış Grana Padano pendiri

4 stəkan arugula

dadmaq üçün dəniz duzu

Geyinmək

¼ fincan zeytun yağı

1 xörək qaşığı ağ şərab sirkəsi

1 çay qaşığı Dijon xardal

1 diş sarımsaq, doğranmışdır

dadmaq üçün duz

təlimatlar

Benmari hazırlayın və içinə Sous Vide qoyun. Temperaturu 158 F-ə qoyun. Balı bir şüşə qaba qoyun və 30 saniyə qızdırın, alma əlavə edin və yaxşı qarışdırın. Vakuum möhürlənmiş torbaya qoyun. Suyun yerdəyişməsi üsulu ilə havanı buraxın, çantanı bağlayın və su banyosuna batırın. 30 dəqiqə bişirin.

Taymer dayandıqda, çantanı çıxarın və 5 dəqiqə buz banyosuna qoyun. 3 saat soyuducuya qoyun. Bütün sous inqrediyentlərini bir küpdə qarışdırın və yaxşı silkələyin. Soyuducuda bir müddət soyumağa buraxın.

Bir qabda arugula, qoz və Grana Padano pendirini qarışdırın. Şaftalı dilimləri əlavə edin. Bir sarğı ilə örtün. Duz və istiot əlavə edib xidmət edin.

Limon yağı sousu ilə crab

Hazırlanma + bişirmə vaxtı: 70 dəqiqə | Porsiyalar: 4

Tərkibi

6 diş sarımsaq, doğranmışdır
½ limonun qabığı və suyu
1 funt xərçəng əti
4 xörək qaşığı kərə yağı

təlimatlar

Benmari hazırlayın və içinə Sous Vide qoyun. Temperaturu 137 F-ə qoyun. Sarımsağın yarısını, limon qabığını və limon suyunun yarısını yaxşıca qarışdırın. Bir kənara qoyun. Yengeç əti, kərə yağı və limon qarışığını vakuumla bağlı torbaya qoyun. Suyun yerdəyişməsi üsulu ilə havanı buraxın, çantanı bağlayın və su banyosuna batırın. 50 dəqiqə bişirin. Taymer dayandıqda çantanı çıxarın. Pişirmə şirələrini atın.

Tavanı orta-az atəşdə qızdırın və qalan kərə yağı, qalan limon qarışığı və qalan limon suyunu tökün. Dörd ramekin içində krabı əhəng yağı ilə səpərək xidmət edin.

Şimali Sürətli qızılbalıq

Hazırlanma + bişirmə vaxtı: 30 dəqiqə | Porsiyalar: 4

Tərkibi

1 qaşıq zeytun yağı

Dəri ilə 4 qızılbalıq filesi

Dadmaq üçün duz və qara bibər

1 limonun qabığı və suyu

2 xörək qaşığı sarı xardal

2 xörək qaşığı susam yağı

təlimatlar

Bain-marie hazırlayın və içinə Sous Vide qoyun. 114 F-ə qoyun. Somonu duz və istiotla səpin. Limon qabığı və suyu, yağı və xardalını qarışdırın. Somonu xardal qarışığı ilə 2 vakuumla bağlanmış torbalara qoyun. Suyun yerdəyişməsi üsulu ilə havanı buraxın, torbaları bağlayın və vannaya batırın. 20 dəqiqə bişirin. Küncüt yağını tavada qızdırın. Taymer dayandıqda, somonu çıxarın və qurudun. Somonu tavaya qoyun və hər tərəfdən 30 saniyə qızardın.

Xardal və tamari sousu ilə dadlı alabalıq

Hazırlanma + bişirmə vaxtı: 35 dəqiqə | Porsiyalar: 4

Tərkibi

¼ fincan zeytun yağı

4 alabalıq filesi, soyulmuş və dilimlənmişdir

½ fincan tamari sousu

¼ fincan açıq qəhvəyi şəkər

2 diş sarımsaq, doğranmışdır

1 xörək qaşığı Coleman xardal

təlimatlar

Bain-marie hazırlayın və içinə Sous Vide qoyun. 130 F-yə qoyun. Tamari sousu, qəhvəyi şəkər, zeytun yağı və sarımsağı qarışdırın. Alabalığı tamari qarışığı ilə vakuumla bağlanmış çantaya qoyun. Suyun yerdəyişməsi üsulu ilə havanı buraxın, çantanı bağlayın və su banyosuna batırın. 30 dəqiqə bişirin.

Taymer dayandıqda, alabalığı çıxarın və mətbəx dəsmalı ilə qurudun. Pişirmə şirələrini atın. Xidmət etmək üçün tamari sousu və xardal ilə bəzəyin.

Zəncəfil sousu ilə küncüt tunası

Hazırlanma + bişirmə vaxtı: 45 dəqiqə | Porsiyalar: 6

Tərkibi:

Tuna:

3 tuna biftek

Dadmaq üçün duz və qara bibər

⅓ fincan zeytun yağı

2 qaşıq kolza yağı

½ fincan qara küncüt toxumu

½ fincan ağ küncüt toxumu

Zəncəfil sousu:

1 düym zəncəfil, qızardılmış

2 soğan, doğranmışdır

1 qırmızı bolqar bibəri, doğranmışdır

3 xörək qaşığı su

2 ½ limonun suyu

1 ½ xörək qaşığı düyü sirkəsi

2 ½ xörək qaşığı soya sousu

1 xörək qaşığı balıq sousu

1 ½ qaşıq şəkər

1 dəstə yaşıl salat yarpağı

Təlimatlar:

Sousu ilə başlayın: Kiçik bir qazanı aşağı atəşə qoyun və zeytun yağı əlavə edin. Qızdırıldıqdan sonra zəncəfil və bibər əlavə edin. 3 dəqiqə qaynadın, şəkər və sirkə əlavə edin, qarışdırın və şəkər həll olunana qədər bişirin. Su əlavə edin və qaynadək gətirin. Soya sousu, balıq sousu və əhəng suyunu əlavə edib 2 dəqiqə bişirin. Soyumaq üçün ehtiyat edin.

İkiqat qazan hazırlayın, içərisinə Sous Vide qoyun və temperaturu 110 F-ə qoyun. Tuna balığını duz və istiotla səpin və 3 ayrı vakuum torbasına qoyun. Yağ əlavə edin, suyun yerdəyişməsi üsulu ilə torbadan havanı buraxın, çantanı bağlayın və su banyosuna batırın. Taymeri 30 dəqiqəyə təyin edin.

Taymer dayandıqda çantanı çıxarın və açın. Tuna balığını bir kənara qoyun. Tavanı aşağı atəşə qoyun və kanola yağı əlavə edin. Qızdırarkən küncütləri bir qabda qarışdırın. Tuna balığını qurudun, üzərini küncütlə örtün və toxumları qızardmağa başlayana qədər yuxarı və aşağı qızdırılan yağda qızardın.

Tuna balığını nazik zolaqlara kəsin. Plitəni salatın üzərinə qoyun və tuna balığını salat yatağının üzərinə yayın. Məzə olaraq zəncəfil sousu ilə xidmət edin.

Cənnət Limon Sarımsaq Crab Rolls

Hazırlanma + bişirmə vaxtı: 60 dəqiqə | Porsiyalar: 4

Tərkibi

4 xörək qaşığı kərə yağı

1 kq qaynadılmış cır əti

2 diş sarımsaq, doğranmışdır

½ limonun qabığı və suyu

½ fincan mayonez

1 şüyüd soğanı, doğranmışdır

Dadmaq üçün duz və qara bibər

4 çörək, parçalanmış, yağlanmış və qızardılmışdır

təlimatlar

Bain-marie hazırlayın və içinə Sous Vide qoyun. 137 F-yə qoyun. Sarımsaq, limon qabığı və 1/4 fincan limon suyu ilə qarışdırın. Yengeç ətini kərə yağı-limon qarışığı ilə vakuumla bağlanmış çantaya qoyun. Suyun yerdəyişməsi üsulu ilə havanı buraxın, çantanı bağlayın və su banyosuna batırın. 50 dəqiqə bişirin.

Taymer dayandıqda, çantanı çıxarın və bir qaba köçürün. Pişirmə şirələrini atın. Xərçəng ətini qalan limon suyu, mayonez, şüyüd, şüyüd, duz və istiot ilə birləşdirin. Xidmət vermədən əvvəl rulonları xərçəngkimi qarışığı ilə doldurun.

Limon sousu ilə ədviyyatlı kömürlənmiş ahtapot

Hazırlanma + bişirmə vaxtı: 4 saat 15 dəqiqə | Porsiyalar: 4

Tərkibi

5 xörək qaşığı zeytun yağı

1 funt ahtapot tentacles

Dadmaq üçün duz və qara bibər

2 xörək qaşığı limon suyu

1 xörək qaşığı limon qabığı

1 xörək qaşığı doğranmış təzə cəfəri

1 qaşıq kəklikotu

1 qaşıq paprika

təlimatlar

Benmari hazırlayın və içinə Sous Vide qoyun. 179 F-yə təyin edin. Çadırları orta uzunluqda kəsin. Duz və istiot əlavə edin. Uzunluqları zeytun yağı ilə vakuumla bağlanmış torbaya qoyun. Suyun yerdəyişməsi üsulu ilə havanı buraxın, çantanı bağlayın və su banyosuna batırın. 4 saat bişirin.

Taymer dayandıqda, ahtapotu çıxarın və mətbəx dəsmalı ilə qurudun. Pişirmə şirələrini atın. Zeytun yağı ilə çiləyiniz.

Qrili orta istilikdə qızdırın və tentacles hər iki tərəfə 10-15 saniyə qızardın. Bir kənara qoyun. Limon suyu, limon qabığı, paprika, kəklikotu və cəfərini yaxşıca qarışdırın. Ahtapotu limon sousu ilə örtün.

Kreol Karides Şişləri

Hazırlanma + bişirmə vaxtı: 50 dəqiqə | Porsiyalar: 4

Tərkibi

1 limonun qabığı və suyu

6 xörək qaşığı kərə yağı

2 diş sarımsaq, doğranmışdır

Dadmaq üçün duz və ağ bibər

1 xörək qaşığı kreol ədviyyatı

1½ kq karides, təmizlənmiş

1 xörək qaşığı doğranmış təzə şüyüd + bəzək üçün limon dilimləri

təlimatlar

Benmari hazırlayın və içinə Sous Vide qoyun. Onu 137F-ə qoyun.

Kərə yağı tavada orta istilikdə əridin və sarımsaq, kreol ədviyyatı, limon qabığı və suyu, duz və istiot əlavə edin. Kərə yağı əriyənə qədər 5 dəqiqə bişirin. Rezerv edin və sərinləyin.

Karidesləri kərə yağı qarışığı ilə vakuumla bağlanmış çantaya qoyun. Suyun yerdəyişməsi üsulu ilə havanı buraxın, çantanı bağlayın və su banyosuna batırın. 30 dəqiqə bişirin.

Taymer dayandıqda, karidesləri çıxarın və kağız dəsmallarla qurudun. Pişirmə şirələrini atın. Karidesləri şişlərin üzərinə qoyun və xidmət etmək üçün şüyüd və bir sıxılmış limonla bəzəyin.

Acılı souslu krevetkalar

Hazırlanma + bişirmə vaxtı: 40 dəqiqə + soyuma vaxtı | Porsiyalar: 5

Tərkibi

2 kilo karides, təmizlənmiş və soyulmuş
1 stəkan pomidor püresi
2 xörək qaşığı horseradish sousu
1 qaşıq limon suyu
1 çay qaşığı Tabasco sousu
Dadmaq üçün duz və qara bibər

təlimatlar

Bain-marie hazırlayın və içinə Sous Vide qoyun. Temperaturu 137 F-ə təyin edin. Karidesləri vakuumla bağlanan çantaya qoyun. Suyun yerdəyişməsi üsulu ilə havanı buraxın, çantanı bağlayın və vannaya batırın. 30 dəqiqə bişirin.

Taymer dayandıqda, çantanı çıxarın və 10 dəqiqə buz banyosuna qoyun. Soyuducuda 1-6 saat soyumağa icazə verin. Pomidor püresi, horseradish sousu, soya sousu, limon suyu, Tabasco sousu, duz və istiot yaxşıca qarışdırılır. Karidesə sous ilə xidmət edin.

Paltus və tərxun ilə

Hazırlanma + bişirmə vaxtı: 50 dəqiqə | Porsiyalar: 2

Tərkibi:

2 kq daban filesi

3 budaq tərxun yarpağı

1 çay qaşığı sarımsaq tozu

1 çay qaşığı soğan tozu

Dadmaq üçün duz və ağ bibər

2 ½ çay qaşığı + 2 ç. kərə yağı

2 soğan, soyulmuş və yarıya bölünmüşdür

2 budaq kəklikotu

Bəzəmək üçün limon dilimləri

Təlimatlar:

İkiqat qazan hazırlayın, Sous Vide qoyun və 124 F-yə qoyun. Halibut filesi hər birini üç hissəyə kəsin və duz, sarımsaq tozu, soğan tozu və istiot ilə ovuşdurun. Fileto, tərxun və 2½ çay qaşığı kərə yağı üç ayrı vakuumla bağlanmış torbaya qoyun. Suyun yerdəyişməsi üsulundan istifadə edərək havanı buraxın və torbaları bağlayın. Onları su banyosuna qoyun və 40 dəqiqə bişirin.

Taymer dayandıqda, çantaları çıxarın və açın. Tavanı zəif atəşə qoyun və qalan kərə yağı əlavə edin. Qızdırıldıqdan sonra halibutun qabığını soyun və qurudun. Arpacıq və kəklikotu ilə halibut əlavə edin və yuxarı və aşağı xırtıldayan qədər qızardın. Limon dilimləri ilə bəzəyin. Buxarda bişmiş tərəvəzlərin bir tərəfi ilə xidmət edin.

Bitki yağı və limon ilə cod

Hazırlanma + bişirmə vaxtı: 37 dəqiqə | Porsiyalar: 6

Tərkibi

8 xörək qaşığı kərə yağı

6 cod filesi

Dadmaq üçün duz və qara bibər

½ limonun qabığı

1 xörək qaşığı doğranmış təzə şüyüd

½ xörək qaşığı doğranmış təzə soğan

½ xörək qaşığı doğranmış təzə reyhan

½ xörək qaşığı doğranmış təzə adaçayı

təlimatlar

Benmari hazırlayın və içinə Sous Vide qoyun. 134 F-ə qoyun. Balığı duz və istiotla səpin. Morina və limon qabığını hava keçirməyən torbaya qoyun.

Ayrı bir vakuumla bağlanmış çantaya kərə yağı, yarım şüyüd, reyhan, reyhan və adaçayı qoyun. Suyun yerdəyişməsi üsulundan istifadə edərək havanı buraxın, hər iki çantanı bağlayın və su banyosuna batırın. 30 dəqiqə bişirin.

Taymer dayandıqda, cod çıxarın və mətbəx dəsmalı ilə qurudun. Pişirmə şirələrini atın. İkinci torbadan kərə yağı çıxarın və codun üzərinə tökün. Qalan şüyüd ilə bəzəyin.

Beurre Nantais ilə qrupçu

Hazırlanma + bişirmə vaxtı: 45 dəqiqə | Porsiyalar: 6

Tərkibi:

Qruplaşdırıcı:

2 kq qrup, 3 hissəyə kəsilmiş

1 çay qaşığı kimyon tozu

½ çay qaşığı sarımsaq tozu

½ çay qaşığı soğan tozu

½ çay qaşığı keşniş tozu

¼ fincan balıq ədviyyatı

¼ fincan pekan yağı

Dadmaq üçün duz və ağ bibər

Berre Blanc:

1 kq kərə yağı

2 xörək qaşığı alma sirkəsi

2 soğan, doğranmışdır

1 çay qaşığı üyüdülmüş qara bibər

5 unsiya ağır krem,

dadmaq üçün duz

2 budaq şüyüd

1 xörək qaşığı limon suyu

1 xörək qaşığı zerdeçal tozu

Təlimatlar:

İkiqat qazan hazırlayın, Sous Vide qoyun və 132 F-ə qoyun. Parçaları duz və ağ istiotla səpin. Vakuumla bağlana bilən torbaya qoyun, suyun yerdəyişməsi üsulu ilə havanı buraxın, bağlayın və çantanı su banyosuna batırın. Taymeri 30 dəqiqəyə təyin edin. Kimyon, sarımsaq, soğan, keşniş və balıq ədviyyatını qarışdırın. Bir kənara qoyun.

Bu vaxt, beurre blanc hazırlayın. Tencereyi orta atəşə qoyun və soğan, sirkə və bibər əlavə edin. Şərbət alınana qədər qaynadın. İstiliyi azaldın və kərə yağı əlavə edin, daim qarışdırın. Şüyüd, limon suyu və zerdeçal tozunu əlavə edin, daim qarışdırın və 2 dəqiqə bişirin. Krem və duz əlavə edin. 1 dəqiqə bişirin. İstiliyi söndürün və kənara qoyun.

Taymer dayandıqda çantanı çıxarın və açın. Tavanı orta atəşə qoyun, pecan yağı əlavə edin. Tavanı qurutun və ədviyyat qarışığı ilə səpin və qızdırılan yağda qızardın. Buxarlanmış ispanaqla yanaşı, buxarda hazırlanmış ispanaq və beurre nantais xidmət edin.

tuna lopaları

Hazırlanma + bişirmə vaxtı: 1 saat 45 dəqiqə | Porsiyalar: 4

Tərkibi:

¼ kq tuna biftek
1 çay qaşığı rozmarin yarpaqları
1 çay qaşığı kəklikotu yarpaqları
2 stəkan zeytun yağı
1 diş sarımsaq, doğranmışdır

Təlimatlar:

Benmari hazırlayın, içinə Sous Vide qoyun və temperaturu 135 F-ə qoyun. Tuna biftek, duz, rozmarin, sarımsaq, kəklikotu və iki xörək qaşığı yağı vakuumla bağlanmış çantaya qoyun. Suyun yerdəyişməsi üsulu ilə havanı buraxın, çantanı bağlayın və su banyosuna batırın. Taymeri 1 saat 30 dəqiqəyə təyin edin.

Taymer dayandıqda çantanı çıxarın. Tuna balığını bir qaba qoyun və kənara qoyun. Tavanı yüksək atəşə qoyun, qalan yağı əlavə edin. Qızdırıldıqdan sonra tuna balığının üzərinə tökün. Tuna balığını iki çəngəl ilə doğrayın. Bir həftəyə qədər zeytun yağı ilə hava keçirməyən bir qabda köçürün və saxlayın. Salatlarda xidmət edin.

kərə yağı tarakları

Hazırlanma + bişirmə vaxtı: 55 dəqiqə | Porsiyalar: 3

Tərkibi:

½ kq tarak
3 çay qaşığı kərə yağı (bişirmək üçün 2 çay qaşığı + qızartmaq üçün 1 çay qaşığı)
Dadmaq üçün duz və qara bibər

Təlimatlar:

Su hamamı hazırlayın, içinə Sous Vide qoyun və temperaturu 140 F-ə qoyun. Tərəzi kağız dəsmal ilə qurutun. Tərəzi, duz, 2 xörək qaşığı kərə yağı və istiotu vakuumla bağlanmış torbaya qoyun. Suyun yerdəyişməsi üsulu ilə havanı buraxın, çantanı möhürləyin və su banyosuna batırın və taymeri 40 dəqiqə təyin edin.

Taymer dayandıqda çantanı çıxarın və açın. Göbələkləri kağız dəsmallarla qurutun və kənara qoyun. Tavanı orta atəşə və qalan kərə yağı üzərinə qoyun. Ərindikdən sonra tarakları hər iki tərəfi qızılı olana qədər qızardın. Kərə yağı ilə qarışdırılmış tərəvəzlərlə birlikdə xidmət edin.

nanə sardina

Hazırlanma + bişirmə vaxtı: 1 saat 20 dəqiqə | Porsiyalar: 3

Tərkibi:

2 kilo sardina

¼ fincan zeytun yağı

3 diş sarımsaq, əzilmiş

1 böyük limon, təzə sıxılmış

2 budaq təzə nanə

Dadmaq üçün duz və qara bibər

Təlimatlar:

Hər balığı yuyun və təmizləyin, ancaq dərini saxlayın. Mətbəx kağızı ilə qurudun.

Böyük bir qabda zeytun yağını sarımsaq, limon suyu, təzə nanə, duz və istiotla qarışdırın. Sardinaları marinadla birlikdə böyük bir vakuum torbasına qoyun. 104 F-də ikiqat qazanda bir saat bişirin. Hamamdan çıxarın və süzün, lakin sousu ehtiyatda saxlayın. Balığın üzərinə sousu və buxarda bişmiş pırasa səpin.

Ağ şərab ilə qızıl

Hazırlanma + bişirmə vaxtı: 2 saat | Porsiyalar: 2

Tərkibi:

1 kilo çipura, təxminən 1 düym qalınlığında, təmizlənmişdir

1 stəkan əlavə sızma zeytun yağı

1 limon, sıxılmış

1 qaşıq şəkər

1 xörək qaşığı qurudulmuş rozmarin

½ xörək qaşığı qurudulmuş oregano

2 diş sarımsaq, əzilmiş

½ fincan ağ şərab

1 çay qaşığı dəniz duzu

Təlimatlar:

Böyük bir qabda zeytun yağını limon suyu, şəkər, rozmarin, oregano, əzilmiş sarımsaq, şərab və duz ilə qarışdırın. Balıqları bu qarışığa batırın və soyuducuda bir saat marinat edin. Soyuducudan çıxarın və süzün, lakin mayeni xidmət üçün ehtiyatda saxlayın. Filetoları vakuumla möhürlənmiş böyük bir çantaya qoyun və möhürləyin. Sousu 40 dəqiqə 122 F-də bişirin. Qalan marinaddan filetoların üzərinə səpin və xidmət edin.

Avokado ilə qızılbalıq və kələm salatı

Hazırlanma + bişirmə vaxtı: 1 saat | Porsiyalar: 3

Tərkibi:

1 kq dərisiz qızılbalıq filesi
Dadmaq üçün duz və qara bibər
½ üzvi limon, sıxılmış
1 qaşıq zeytun yağı
1 stəkan kələm yarpağı, doğranmışdır
½ fincan qovrulmuş yerkökü, dilimlənmiş
½ yetişmiş avokado, kiçik kublara kəsilir
1 xörək qaşığı təzə şüyüd
1 xörək qaşığı təzə cəfəri yarpaqları

Təlimatlar:

Fileto hər iki tərəfə duz və istiot ilə səpin və böyük bir kilidli torbaya qoyun. Çantanı bağlayın və 40 dəqiqə 122 F-də sous vide bişirin. İkiqat qazandan qızılbalığı çıxarın və kənara qoyun.

Bir qabda limon suyu, bir çimdik duz və qara bibəri qarışdırın və davamlı qarışdıraraq az-az zeytun yağı əlavə edin. Doğranmış kələm əlavə edin və vinaigrette ilə bərabər şəkildə örtmək üçün atın. Qızardılmış yerkökü, avokado, şüyüd və cəfəri əlavə edin. Birləşdirmək üçün yumşaq qarışdırın. Bir nimçəyə köçürün və qızılbalıq ilə xidmət edin.

Zəncəfil ilə qızılbalıq

Hazırlanma + bişirmə vaxtı: 45 dəqiqə | Porsiyalar: 4

Tərkibi:

4 qızılbalıq filesi, dərisi
2 xörək qaşığı susam yağı
1 ½ zeytun yağı
2 xörək qaşığı zəncəfil, qızardılmış
2 xörək qaşığı şəkər

Təlimatlar:

İkiqat qazan düzəldin, oraya Sous Vide qoyun və onu 124F-ə qoyun. Somonu duz və istiotla səpin. Sadalanan qalan inqrediyentləri bir qaba qoyun və qarışdırın.

Somon və şəkər qarışığını vakuumla bağlanmış iki torbaya qoyun, suyun yerdəyişməsi üsulu ilə havanı buraxın, möhürləyin və çantanı su banyosuna batırın. Taymeri 30 dəqiqəyə təyin edin.

Taymer dayandıqda çantanı çıxarın və açın. Tencereyi orta atəşə qoyun, altına çörək kağızı qoyun və qızdırın. Somonu dəri tərəfi aşağı əlavə edin və hər dəfə 1 dəqiqə qızardın. Yağlanmış brokoli ilə birlikdə xidmət edin.

Təzə limon suyunda midye

Hazırlanma + bişirmə vaxtı: 40 dəqiqə | Porsiyalar: 2

Tərkibi:

1 kilo təzə midye, qırxılmış

1 orta boy soğan, soyulmuş və incə doğranmışdır

Sarımsaq mixəkləri, əzilmiş

½ fincan təzə sıxılmış limon suyu

¼ fincan təzə cəfəri, incə doğranmışdır

1 xörək qaşığı rozmarin, incə doğranmışdır

2 xörək qaşığı zeytun yağı

Təlimatlar:

Midiyaları limon suyu, sarımsaq, soğan, cəfəri, rozmarin və zeytun yağı ilə böyük bir yenidən bağlana bilən çantaya qoyun. 122 F-də 30 dəqiqə sous vide bişirin. Yaşıl salat ilə xidmət edin.

Otlar ilə marinadlanmış tuna biftekləri

Hazırlanma + bişirmə vaxtı: 1 saat 25 dəqiqə | Porsiyalar: 5

Tərkibi:

2 funt tuna biftekləri, təxminən 1 düym qalınlığında
1 çay qaşığı qurudulmuş kəklikotu, üyüdülmüş
1 çay qaşığı təzə reyhan, incə doğranmışdır
¼ fincan doğranmış soğan
2 xörək qaşığı təzə cəfəri, incə doğranmışdır
1 xörək qaşığı təzə şüyüd, incə doğranmışdır
1 çay qaşığı təzə limon qabığı
½ fincan küncüt toxumu
4 xörək qaşığı zeytun yağı
Dadmaq üçün duz və qara bibər

Təlimatlar:

Tuna filesi soyuq axan suyun altında yuyun və kağız dəsmal ilə qurudun. Bir kənara qoyun.

Böyük bir qabda kəklikotu, reyhan, şüyüd, cəfəri, şüyüd, zeytun yağı, duz və istiot birləşdirin. Yaxşı birləşənə qədər qarışdırın, sonra biftekləri bu şoraba batırın. Üzərini sıx bağlayın və 30 dəqiqə soyudun.

Biftekləri marinadla birlikdə böyük bir vakuum torbasına qoyun. Havanı çıxarmaq üçün çantanı sıxın və qapağı bağlayın. Sousu 131 dərəcədə 40 dəqiqə bişirin.

Biftekləri çantadan çıxarın və mətbəx kağızına qoyun. Yavaşca qurudun və otları çıxarın. Tavanı yüksək temperatura qədər qızdırın. Biftekləri küncüt toxumlarına yuvarlayın və tavaya qoyun. Hər tərəfdən 1 dəqiqə bişirin və istidən çıxarın.

Crab biftekləri

Hazırlanma + bişirmə vaxtı: 65 dəqiqə | Porsiyalar: 4

Tərkibi:

1 kilo yengeç əti hissə-hissə

1 stəkan qırmızı soğan, incə doğranmışdır

½ fincan xırda doğranmış qırmızı bolqar bibəri

2 xörək qaşığı çili bibəri, incə doğranmışdır

1 xörək qaşığı kərəviz yarpaqları, incə doğranmışdır

1 xörək qaşığı maydanoz yarpaqları, incə doğranmışdır

½ çay qaşığı tərxun, incə doğranmışdır

Dadmaq üçün duz və qara bibər

4 xörək qaşığı zeytun yağı

2 qaşıq badam unu

3 döyülmüş yumurta

Təlimatlar:

Tavada 2 xörək qaşığı zeytun yağı qızdırın və soğanı əlavə edin. Şəffaf olana qədər qızardın və doğranmış qırmızı bibər və bibər əlavə edin. Daim qarışdıraraq 5 dəqiqə bişirin.

Böyük bir qaba köçürün. Crab əti, kərəviz, cəfəri, tərxun, duz, istiot, badam unu və yumurta əlavə edin. Yaxşı qarışdırın və qarışığı 2 düym diametrli köftələrə çevirin. Köftələri iki vakuumla möhürlənmiş çanta arasında yumşaq bir şəkildə bölün və möhürləyin. 122 F-də 40 dəqiqə sous vide ilə bişirin.

Qalan yağı yapışmayan tavada yüksək odda qızdırın. Burgerləri ikiqat qazandan çıxarın və tavaya qoyun. Hər iki tərəfi 3-4 dəqiqə qısaca qızardın və xidmət edin.

bibər çayı

Hazırlanma + bişirmə vaxtı: 1 saat 15 dəqiqə | Porsiyalar: 5

Tərkibi:

1 kilo təzə qoxular

½ fincan limon suyu

3 diş sarımsaq, əzilmiş

1 qaşıq duz

1 stəkan əlavə sızma zeytun yağı

2 xörək qaşığı təzə şüyüd, incə doğranmışdır

1 xörək qaşığı soğan, doğranmışdır

1 xörək qaşığı çili bibəri, üyüdülmüş

Təlimatlar:

Ətirləri soyuq axan suyun altında yuyun və süzün. Bir kənara qoyun.

Böyük bir qabda zeytun yağını limon suyu, əzilmiş sarımsaq, dəniz duzu, doğranmış şüyüd, doğranmış soğan və istiot ilə qarışdırın. Bu qarışığa ərimələri qoyun və örtün. 20 dəqiqə soyuducuya qoyun.

Soyuducudan çıxarın və marinadla birlikdə böyük bir vakuum bağlama torbasına qoyun. 104 F-də 40 dəqiqə sous vide bişirin. Benmaridən çıxarın və maye ehtiyatını boşaldın.

Orta istilikdə böyük bir tava qızdırın. Ədviyyatları əlavə edin və qısa müddətə 3-4 dəqiqə bişirin, çevirin. İstidən çıxarın və xidmət boşqabına köçürün. Marinad ilə çiləyiniz və dərhal xidmət edin.

Marinadlanmış yayın balığı filesi

Hazırlanma + bişirmə vaxtı: 1 saat 20 dəqiqə | Porsiyalar: 3

Tərkibi:

1 kilo yayın balığı filesi

½ fincan limon suyu

½ fincan incə doğranmış cəfəri yarpaqları

2 diş sarımsaq, əzilmiş

1 stəkan soğan, incə doğranmışdır

1 xörək qaşığı təzə şüyüd, incə doğranmışdır

1 xörək qaşığı təzə rozmarin yarpaqları, incə doğranmışdır

2 stəkan təzə sıxılmış alma suyu

2 xörək qaşığı Dijon xardal

1 stəkan əlavə sızma zeytun yağı

Təlimatlar:

Böyük bir qabda limon suyu, cəfəri yarpaqları, əzilmiş sarımsaq, doğranmış soğan, təzə şüyüd, rozmarin, alma suyu, xardal və zeytun yağını qarışdırın. Yaxşı birləşdirilənə qədər çırpın. Fileto bu qarışığa batırın və sıx bir qapaq ilə örtün. 30 dəqiqə soyuducuya qoyun.

Soyuducudan çıxarın və vakuumla bağlı 2 torbaya qoyun. Üzərini örtün və sous videni 122 F-də 40 dəqiqə bişirin. Çıxarın və boşaltın; ehtiyat maye. Üzərinizə mayenizlə səpərək xidmət edin.

Limonlu karides salsası

Hazırlanma + bişirmə vaxtı: 35 dəqiqə | Porsiyalar: 4

Tərkibi:

12 böyük karides, soyulmuş və təmizlənmişdir
1 qaşıq duz
1 qaşıq şəkər
3 xörək qaşığı zeytun yağı
1 dəfnə yarpağı
1 budaq cəfəri, doğranmışdır
2 xörək qaşığı limon qabığı
1 xörək qaşığı limon suyu

Təlimatlar:

Benmari hazırlayın, Sous Vide qoyun və 156 F-yə qoyun. Bir qaba karides, duz və şəkər əlavə edin, qarışdırın və 15 dəqiqə oturun. Karides, dəfnə yarpağı, zeytun yağı və limon qabığını vakuumla bağlanmış torbaya qoyun. Suyun yerdəyişməsi metodundan istifadə edərək havanı buraxın və möhürləyin. Hamama batırın və 10 dəqiqə bişirin. Taymer dayandıqda çantanı çıxarın və açın. Karides və suyu limon suyu ilə doldurun.

Sous Vide halibut

Hazırlanma + bişirmə vaxtı: 1 saat 20 dəqiqə | Porsiyalar: 4

Tərkibi:

1 funt daban filesi

3 xörək qaşığı zeytun yağı

¼ fincan soğan, incə doğranmışdır

1 çay qaşığı təzə limon qabığı

½ çay qaşığı qurudulmuş kəklikotu, üyüdülmüş

1 xörək qaşığı təzə cəfəri, incə doğranmışdır

1 çay qaşığı təzə şüyüd, incə doğranmışdır

Dadmaq üçün duz və qara bibər

Təlimatlar:

Balıqları soyuq axan suyun altında yuyun və kağız dəsmal ilə qurudun. İncə dilimlərə kəsin, bol duz və istiot səpin. Böyük bir vakuum bağlama torbasına qoyun və iki yemək qaşığı zeytun yağı əlavə edin. Sarımsaq, kəklikotu, cəfəri, şüyüd, duz və istiot ilə ədviyyat edin.

Havanı çıxarmaq üçün çantanı sıxın və qapağı bağlayın. Bütün filetoları ədviyyatlarla örtmək üçün çantanı silkələyin və yemәkdən əvvəl 30 dəqiqə soyuducuya qoyun. 131 F-də 40 dəqiqə sous vide bişirin.

Çantanı sudan çıxarın və bir az sərinləyin. Mətbəx kağızına qoyun və süzün. Otları çıxarın.

Qalan yağı böyük bir tavada yüksək istilik üzərində qızdırın. Fileto əlavə edin və 2 dəqiqə bişirin. Filetoları çevirin və təxminən 35-40 saniyə bişirin, sonra oddan çıxarın. Balıqları yenidən kağız dəsmala qoyun və artıq yağları çıxarın. Dərhal xidmət edin.

Limon yağı altlığı

Hazırlanma + bişirmə vaxtı: 45 dəqiqə | Porsiyalar: 3

Tərkibi:

3 dəstək lövhəsi

1 ½ xörək qaşığı duzsuz kərə yağı

¼ fincan limon suyu

½ çay qaşığı limon qabığı

dadmaq üçün limon bibəri

Dekorasiya üçün 1 budaq cəfəri

Təlimatlar:

Su hamamı hazırlayın, Sous Vide qoyun və 132 F-ə qoyun. Dabanı qurutun və 3 ayrı vakuum möhürlü torbaya qoyun. Suyun yerdəyişməsi üsulundan istifadə edərək havanı buraxın və torbaları bağlayın. Hovuzu batırın və taymeri 30 dəqiqə təyin edin.

Orta atəşə kiçik bir tava qoyun, kərə yağı əlavə edin. Ərindikdən sonra istidən çıxarın. Limon suyu və limon qabığını əlavə edib qarışdırın.

Taymer dayandıqda çantanı çıxarın və açın. Tartletləri xidmət boşqablarına köçürün, kərə yağı sousu ilə çiləyin və cəfəri ilə bəzəyin. Buxarda bişmiş yaşıl tərəvəzlərlə xidmət edin.

Fesleğen ilə cod güveç

Hazırlanma + bişirmə vaxtı: 50 dəqiqə | Porsiyalar: 4

Tərkibi:

1 funt cod filesi
1 stəkan qovrulmuş pomidor
1 xörək qaşığı reyhan, qurudulmuş
1 stəkan balıq suyu
2 qaşıq tomat pastası
Xırda doğranmış kərəvizin 3 sapı
1 yerkökü, dilimlənmiş
¼ fincan zeytun yağı
1 soğan, incə doğranmışdır
½ fincan düyməli göbələk

Təlimatlar:

Orta istilikdə böyük bir tavada yağı qızdırın. Kərəviz, soğan və yerkökü əlavə edin. 10 dəqiqə qızardın. İstidən çıxarın və digər inqrediyentlərlə birlikdə vakuum möhürlənmiş torbaya köçürün. 122 F-də 40 dəqiqə sous vide ilə bişirin.

Sadə Tilapiya

Hazırlanma + bişirmə vaxtı: 1 saat 10 dəqiqə | Porsiyalar: 3

Tərkibi

3 (4 unsiya) tilapiya filesi
3 xörək qaşığı kərə yağı
1 xörək qaşığı alma sirkəsi
Dadmaq üçün duz və qara bibər

Təlimatlar:

İkiqat qazan hazırlayın, içərisinə Sous Vide qoyun və 124 F-ə qoyun. Tilapiyanı istiot və duz ilə səpin və vakuumla bağlanan çantaya qoyun. Suyun yerdəyişməsi üsulu ilə havanı buraxın və çantanı bağlayın. Onu hovuza batırın və taymeri 1 saata təyin edin.

Taymer dayandıqda çantanı çıxarın və açın. Tavanı orta atəşə qoyun və kərə yağı və sirkə əlavə edin. Sirkəni yarıya endirmək üçün qaynatın və daim qarışdırın. Tilapia əlavə edin və yüngülcə qəhvəyi. İstədiyiniz kimi duz və istiot əlavə edin. Bir tərəfə yağlanmış tərəvəzlərlə xidmət edin.

Qulançar ilə qızılbalıq

Hazırlanma + bişirmə vaxtı: 3 saat 15 dəqiqə | Porsiyalar: 6

Tərkibi:

1 kq yabanı qızılbalıq filesi

1 qaşıq zeytun yağı

1 xörək qaşığı qurudulmuş oregano

12 orta qulançar

4 ağ soğan halqası

1 xörək qaşığı təzə cəfəri

Dadmaq üçün duz və qara bibər

Təlimatlar:

Fileto hər iki tərəfə oregano, duz və istiot ilə səpin və zeytun yağı ilə yüngülcə fırçalayın.

Böyük, möhürlənmiş vakuumda digər maddələrlə birlikdə qoyun. Bütün ədviyyatları bir qabda qarışdırın. Qarışığı steykin hər iki tərəfinə bərabər şəkildə sürtün və böyük bir vakuum möhürləyən torbaya qoyun. Çantanı bağlayın və 136F-də 3 saat sous vide bişirin.

skumbriya köri

Hazırlanma + bişirmə vaxtı: 55 dəqiqə | Porsiyalar: 3

Tərkibi:

3 skumbriya filesi, başları çıxarılır
3 xörək qaşığı köri pastası
1 qaşıq zeytun yağı
Dadmaq üçün duz və qara bibər

Təlimatlar:

İkiqat qazan hazırlayın, Sous Vide qoyun və temperaturu 120 F-ə qoyun. Skumbriyanı istiot və duz ilə səpin və vakuumla bağlanan çantaya qoyun. Suyun yerdəyişməsi üsulu ilə havanı buraxın, möhürləyin və su banyosuna batırın və taymeri 40 dəqiqə təyin edin.

Taymer dayandıqda çantanı çıxarın və açın. Tavanı orta atəşə qoyun, zeytun yağı əlavə edin. Skumbriyanı köri tozu ilə örtün (skumbriya qurutmayın)

Qızdırıldıqdan sonra skumbriya əlavə edin və qızılı rəng alana qədər qovurun. Buxarda hazırlanmış yaşıl yarpaqlı tərəvəzlərlə xidmət edin.

rozmarin kalamar

Hazırlanma + bişirmə vaxtı: 1 saat 15 dəqiqə | Porsiyalar: 3

Tərkibi:

1 kq təzə bütün kalamar
½ fincan əlavə bakirə zeytun yağı
1 xörək qaşığı çəhrayı Himalay duzu
1 xörək qaşığı qurudulmuş rozmarin
3 diş sarımsaq, əzilmiş
3 albalı pomidoru, yarıya bölün

Təlimatlar:

Hər bir kalamar axan suyun altında yaxşıca yuyulur. Kəskin bir bıçaq istifadə edərək, başları çıxarın və hər bir kalamar təmizləyin.

Böyük bir qabda zeytun yağını duz, qurudulmuş rozmarin, albalı pomidoru və əzilmiş sarımsaqla qarışdırın. Bu qarışığa kalamar batırın və 1 saat soyuducuya qoyun. Sonra çıxarın və süzün. Kalamar və albalı pomidorlarını vakuumla bağlanmış böyük bir çantaya qoyun. 136 F-də bir saat sous vide bişirin.

Qızardılmış limonlu karides

Hazırlanma + bişirmə vaxtı: 50 dəqiqə | Porsiyalar: 3

Tərkibi:

1 kiloluq karides, qabığı soyulmuş və qabığı soyulmuş
3 xörək qaşığı zeytun yağı
½ fincan təzə sıxılmış limon suyu
1 diş sarımsaq, əzilmiş
1 çay qaşığı təzə rozmarin, əzilmiş
1 çay qaşığı dəniz duzu

Təlimatlar:

Zeytun yağını limon suyu, əzilmiş sarımsaq, rozmarin və duz ilə qarışdırın. Mətbəx fırçasından istifadə edərək, hər bir karidesi qarışıqla örtün və böyük bir vakuum möhürləyən çantaya qoyun. 104 F-də 40 dəqiqə sous vide ilə bişirin.

Qızardılmış ahtapot

Hazırlanma + bişirmə vaxtı: 5 saat 20 dəqiqə | Porsiyalar: 3

Tərkibi:

½ kq orta ölçülü ahtapot çadırları, ağardılmışdır
Dadmaq üçün duz və qara bibər
3 xörək qaşığı + 3 xörək qaşığı zeytun yağı
2 xörək qaşığı qurudulmuş oregano
2 budaq təzə cəfəri, doğranmışdır
Buz vannası üçün buz

Təlimatlar:

İkiqat qazan hazırlayın, içərisinə Sous Vide qoyun və 171F-ə qoyun.

Ahtapotu, duzu, 3 çay qaşığı zeytun yağı və istiotu vakuumla bağlanmış torbaya qoyun. Suyun yerdəyişməsi üsulu ilə havanı buraxın, çantanı bağlayın və su banyosuna batırın. Taymeri 5 saata təyin edin.

Taymer dayandıqda çantanı çıxarın və buz banyosunu örtün. Bir kənara qoyun. Qrili qızdırın.

Qril isti olanda ahtapotu boşqabın üzərinə qoyun, üzərinə 3 xörək qaşığı zeytun yağı əlavə edib masaj edin. Ahtapotu hər iki tərəfdə yaxşı qızarana qədər qızardın. Ahtapotu yayın və cəfəri və oregano ilə bəzəyin. Şirin və ədviyyatlı daldırma sousu ilə xidmət edin.

yabanı qızılbalıq biftekləri

Hazırlanma + bişirmə vaxtı: 1 saat 25 dəqiqə | Porsiyalar: 4

Tərkibi:

2 kilo yabanı qızılbalıq biftek

3 diş sarımsaq, əzilmiş

1 xörək qaşığı təzə rozmarin, incə doğranmışdır

1 xörək qaşığı təzə sıxılmış limon suyu

1 xörək qaşığı təzə sıxılmış portağal suyu

1 çay qaşığı portağal qabığı

1 çay qaşığı çəhrayı Himalay duzu

1 stəkan balıq suyu

Təlimatlar:

Portağal suyunu limon suyu, rozmarin, sarımsaq, portağal qabığı və duz ilə birləşdirin. Qarışığı hər steykin üzərinə sürtün və 20 dəqiqə soyuducuya qoyun. Böyük bir vakuum möhürlənmiş çantaya köçürün və balıq ehtiyatını əlavə edin. Çantanı bağlayın və 131 F-də 50 dəqiqə sous vide bişirin.

Böyük bir yapışmayan qabı qızdırın. Biftekləri vakuumla bağlanmış çantadan çıxarın və yüngülcə kömürləşənə qədər hər tərəfdən 3 dəqiqə qızardın.

Tilapia güveç

Hazırlanma + bişirmə vaxtı: 65 dəqiqə | Porsiyalar: 3

Tərkibi:

1 kq tilapiya filesi

½ fincan soğan, incə doğranmışdır

1 stəkan yerkökü, incə doğranmışdır

½ fincan keşniş yarpaqları, incə doğranmışdır

3 diş sarımsaq, incə doğranmışdır

1 stəkan incə doğranmış yaşıl bolqar bibəri

1 çay qaşığı İtalyan ədviyyatı qarışığı

1 çay qaşığı cayenne bibəri

½ çay qaşığı bibər

1 stəkan təzə pomidor suyu

Dadmaq üçün duz və qara bibər

3 xörək qaşığı zeytun yağı

Təlimatlar:

Orta istilikdə yağı qızdırın. Doğranmış soğan əlavə edin və şəffaf olana qədər qovurun.

İndi bolqar bibəri, yerkökü, sarımsaq, cilantro, italyan ədviyyatı, acı bibər, istiot, duz və qara istiot əlavə edin. Yaxşı qarışdırın və başqa on dəqiqə bişirin.

İstidən çıxarın və pomidor suyu və tilapiya filesi ilə böyük bir vakuum möhürlənmiş çantaya köçürün. 122 F-də 50 dəqiqə sous vide bişirin. Benmaridən çıxarın və xidmət edin.

Bibər ilə yağlı chanterelle

Hazırlanma + bişirmə vaxtı: 1 saat 30 dəqiqə | Porsiyalar: 2

Tərkibi:

4 unsiya konservləşdirilmiş chanterelles

¼ fincan quru ağ şərab

1 kərəviz sapı, doğranmışdır

1 kubik mandioqinya

1 dörddə birinə soğan

1 dəfnə yarpağı

1 xörək qaşığı qara bibər

1 qaşıq zeytun yağı

8 osh qaşığı kərə yağı, otaq temperaturu

1 xörək qaşığı doğranmış təzə cəfəri

2 diş sarımsaq, doğranmışdır

dadmaq üçün duz

1 çay qaşığı təzə üyüdülmüş qara bibər

¼ fincan panko çörək qırıntıları

1 baget, dilimlənmiş

Təlimatlar:

Benmari hazırlayın və içinə Sous Vide qoyun. Temperaturu 154 F-ə təyin edin. Şanterelləri, şototları, kərəvizləri, cəfəriləri, şərabı, istiotu, zeytun yağı və dəfnə yarpağını vakuumla bağlanan çantaya qoyun. Suyun yerdəyişməsi üsulu ilə havanı buraxın, çantanı bağlayın və su banyosuna batırın. 60 dəqiqə bişirin.

Blenderdən istifadə edərək kərə yağı, cəfəri, duz, sarımsaq və qara bibər tökün. Birləşənə qədər orta sürətlə qarışdırın. Qarışığı bir plastik torbaya qoyun və yuvarlayın. Soyuducuya qoyun və soyumağa qoyun.

Taymer dayandıqda, salyangoz və tərəvəzləri çıxarın. Pişirmə şirələrini atın. Tava yüksək istilik üzərində qızdırın. Şanterelləri kərə yağı ilə yağlayın, çörək qırıntıları ilə səpin və əriyənə qədər 3 dəqiqə bişirin. İsti baget dilimləri ilə xidmət edin.

keşniş alabalığı

Hazırlanma + bişirmə vaxtı: 60 dəqiqə | Porsiyalar: 4

Tərkibi:

2 lb alabalıq, 4 ədəd

5 diş sarımsaq

1 xörək qaşığı dəniz duzu

4 xörək qaşığı zeytun yağı

1 stəkan cilantro yarpaqları, incə doğranmışdır

2 xörək qaşığı rozmarin, incə doğranmışdır

¼ fincan təzə sıxılmış limon suyu

Təlimatlar:

Balıqları yaxşıca təmizləyin və yuyun. Kağız dəsmal ilə qurudun və duz ilə ovuşdurun. Sarımsağı zeytun yağı, keşniş, rozmarin və limon suyu ilə birləşdirin. Hər balığı doldurmaq üçün qarışığı istifadə edin. Ayrı bir vakuum möhürlənmiş torbaya qoyun və möhürləyin. 131 F-də 45 dəqiqə sous vide bişirin.

Squid üzükləri

Hazırlanma + bişirmə vaxtı: 1 saat 25 dəqiqə | Porsiyalar: 3

Tərkibi:

2 stəkan kalamar üzükləri
1 xörək qaşığı təzə rozmarin
Dadmaq üçün duz və qara bibər
½ fincan zeytun yağı

Təlimatlar:

Böyük təmiz plastik torbada kalamar üzüklərini rozmarin, duz, istiot və yağ ilə birləşdirin. Çantanı bağlayın və yaxşı örtmək üçün bir neçə dəfə silkələyin. Böyük vakuumla bağlana bilən çantaya köçürün və möhürləyin. Sousu 1 saat 10 dəqiqə 131 F-də bişirin. Hovuzdan çıxarın və xidmət edin.

Karides və avokado salatı

Hazırlanma + bişirmə vaxtı: 45 dəqiqə | Porsiyalar: 4

Tərkibi:

1 ədəd doğranmış qırmızı soğan

2 limonun suyu

1 qaşıq zeytun yağı

¼ çay qaşığı dəniz duzu

⅛ çay qaşığı ağ bibər

1 kilo çiy karides, qabığı soyulmuş və işlənmişdir

1 ədəd doğranmış pomidor

1 ədəd doğranmış avokado

1 yaşıl bibər, toxumlanmış və doğranmışdır

1 xörək qaşığı doğranmış keşniş

Təlimatlar:

Benmari hazırlayın və içinə Sous Vide qoyun. Onu 148F-ə qoyun.

Limon suyu, qırmızı soğan, dəniz duzu, ağ bibər, zeytun yağı və kreveti vakuumla bağlanan çantaya qoyun. Suyun yerdəyişməsi üsulu ilə havanı buraxın, çantanı bağlayın və su banyosuna batırın. 24 dəqiqə bişirin.

Taymer dayandıqda, çantanı çıxarın və 10 dəqiqə buz banyosuna qoyun. Bir qabda pomidor, avokado, yaşıl bibər və cilantro qarışdırın. Çantanın içindəkiləri yuxarıdan tökün.

Zəfəran sitrus sousu ilə yağlı çipura

Hazırlanma + bişirmə vaxtı: 55 dəqiqə | Porsiyalar: 4

Tərkibi

4 ədəd təmiz snapper

2 xörək qaşığı kərə yağı

Dadmaq üçün duz və qara bibər

<u>Sitrus sousu üçün</u>

1 limon

1 qreypfrut

1 limon

3 portağal

1 çay qaşığı Dijon xardal

2 qaşıq kolza yağı

1 sarı soğan

1 kub zucchini

1 ç.q zəfəran sapları

1 x.q doğranmış çili bibəri

1 qaşıq şəkər

3 stəkan balıq suyu

3 xörək qaşığı doğranmış keşniş

təlimatlar

Benmari hazırlayın və içinə Sous Vide qoyun. 132 F-yə qoyun. Snapper filetolarını duz və istiot ilə səpin və vakuumla bağlanan çantaya qoyun. Suyun yerdəyişməsi üsulu ilə havanı buraxın, çantanı bağlayın və su banyosuna batırın. 30 dəqiqə bişirin.

Meyvələri soyun və kublara kəsin. Yağı tavada orta istilikdə qızdırın və soğan və balqabaq əlavə edin. 2-3 dəqiqə qızardın. Giləmeyvə, zəfəran, bibər, xardal və şəkər əlavə edin. Daha 1 dəqiqə bişirin. Balıq bulyonunu qarışdırın və 10 dəqiqə bişirin. Cilantro ilə bəzəyin və kənara qoyun. Taymer dayandıqda, balığı çıxarın və bir boşqaba qoyun. Üzərinə zəfəran-sitrus sousu səpin və süfrəyə verin.

Küncüt kremi ilə cod filesi

Hazırlanma + bişirmə vaxtı: 45 dəqiqə | Porsiyalar: 2

Tərkibi

1 böyük cod filesi
2 xörək qaşığı küncüt pastası
1 ½ xörək qaşığı qəhvəyi şəkər
2 xörək qaşığı balıq sousu
2 xörək qaşığı kərə yağı
Susam toxumu

təlimatlar

Benmari hazırlayın və içinə Sous Vide qoyun. Onu 131F-ə qoyun.

Cod balığını qəhvəyi şəkər, küncüt pastası və balıq sousu qarışığında isladın. Vakuum möhürlənmiş torbaya qoyun. Suyun yerdəyişməsi üsulu ilə havanı buraxın, çantanı bağlayın və su banyosuna batırın. 30 dəqiqə bişirin. Kərə yağı tavada orta istilikdə əridin.

Taymer dayandıqda, cod çıxarın və tavaya köçürün və 1 dəqiqə örtün. Bir boşqabda xidmət edin. Pişirmə şirələrini tavaya tökün və azalana qədər bişirin. 1 xörək qaşığı kərə yağı əlavə edib qarışdırın.

Balığı sousla örtün və küncüt toxumu ilə bəzəyin. Düyü ilə xidmət edin.

İspanaq və xardal sousu ilə kremli qızılbalıq

Hazırlanma + bişirmə vaxtı: 55 dəqiqə | Porsiyalar: 2

ITərkibi

4 dərisiz qızılbalıq filesi

1 böyük dəstə ispanaq

½ fincan Dijon xardal

1 stəkan süd kremi

1 stəkan yarım yarım krem

1 xörək qaşığı limon suyu

Dadmaq üçün duz və qara bibər

təlimatlar

Benmari hazırlayın və içinə Sous Vide qoyun. Temperaturu 115 F-ə qoyun. Duzlu somonu vakuumla bağlanmış çantaya qoyun. Suyun yerdəyişməsi üsulu ilə havanı buraxın, çantanı bağlayın və su banyosuna batırın. 45 dəqiqə bişirin.

Tavanı orta istilikdə qızdırın və ispanaqları yumşalana qədər bişirin. İstiliyi azaldın və limon suyu, bibər və duz tökün. Bişirməyə davam edin. Tavanı orta istilikdə qızdırın və yarım yarım qaymaq və Dijon xardalını qarışdırın. İstiliyi azaldın və bişirin. Duz və istiot əlavə edin. Taymer dayandıqda, somonu çıxarın və bir boşqaba qoyun. Sousu ilə çiləyiniz. İspanaqla xidmət edin.

Təzə salat ilə bibər bibəri

Hazırlanma + bişirmə vaxtı: 55 dəqiqə | Porsiyalar: 4

Tərkibi

1 funt tarak

1 çay qaşığı sarımsaq tozu

½ çay qaşığı soğan tozu

½ çay qaşığı paprika

¼ çay qaşığı cayenne bibəri

Dadmaq üçün duz və qara bibər

<u>Salat</u>

3 stəkan qarğıdalı ləpəsi

½ litr albalı pomidorları yarıya bölündü

1 ədəd doğranmış qırmızı bibər

2 xörək qaşığı doğranmış təzə cəfəri

<u>Geyinmək</u>

1 qaşıq təzə reyhan

1 dörddə bir limon

təlimatlar

Benmari hazırlayın və içinə Sous Vide qoyun. Onu 122F-ə qoyun.

Tərəziləri vakuumla bağlanmış torbaya qoyun. Duz və istiot əlavə edin. Bir qabda sarımsaq tozu, paprika, soğan tozu və acı bibər qarışdırın. Tökmək. Suyun yerdəyişməsi üsulu ilə havanı buraxın, çantanı bağlayın və su banyosuna batırın. 30 dəqiqə bişirin.

Bu vaxt, sobanı 400 F-ə qədər qızdırın. Qarğıdalı ləpələrini və qırmızı bibəri çörək qabına qoyun. Zeytun yağı ilə çiləyiniz və duz və istiot əlavə edin. 5-10 dəqiqə bişirin. Bir qaba köçürün və cəfəri ilə qarışdırın. Bir qabda sousun inqrediyentlərini yaxşıca qarışdırın və qarğıdalı ləpələrinin üzərinə tökün.

Taymer dayandıqda çantanı çıxarın və isti tavaya qoyun. Hər tərəfdən 2 dəqiqə bağlayın. Bir boşqabda, tarak və salat ilə xidmət edin. Fesleğen və limon dilimləri ilə bəzəyin.

Manqo ilə ədviyyatlı kələm

Hazırlanma + bişirmə vaxtı: 50 dəqiqə | Porsiyalar: 4

Tərkibi

1 funt böyük tarak

1 qaşıq kərə yağı

sous

1 xörək qaşığı limon suyu

2 xörək qaşığı zeytun yağı

bəzəmək, bəzəmək, bəzəmək

1 xörək qaşığı əhəng qabığı

1 xörək qaşığı portağal qabığı

1 stəkan doğranmış manqo

1 serrano bibəri, incə dilimlənmiş

2 xörək qaşığı doğranmış nanə yarpağı

təlimatlar

Tərəziləri vakuumla bağlanmış torbaya qoyun. Duz və istiot əlavə edin. Soyuducuda bir gecədə soyumağa buraxın. Benmari hazırlayın və içinə Sous Vide qoyun. 122 F-yə təyin edin. Suyun yerdəyişməsi metodundan istifadə edərək havanı buraxın, çantanı möhürləyin və su banyosuna batırın. 15-35 dəqiqə bişirin.

Tencereyi orta istilikdə qızdırın. Sousu bir qabda yaxşıca qarışdırın. Taymer dayandıqda, tarakları çıxarın və onları tavaya qoyun və qızılı rəngə qədər qızardın. Bir boşqabda xidmət edin. Üstünə sousu səpin və qarnirləri əlavə edin.

Xardal vinaigrette ilə pırasa və karides

Hazırlanma + bişirmə vaxtı: 1 saat 20 dəqiqə | Porsiyalar: 4

ITərkibi

6 pırasa

5 xörək qaşığı zeytun yağı

Dadmaq üçün duz və qara bibər

1 soğan, doğranmış

1 xörək qaşığı düyü sirkəsi

1 çay qaşığı Dijon xardal

1/3 funt bişmiş qəhvəyi karides

doğranmış təzə cəfəri

təlimatlar

Benmari hazırlayın və içinə Sous Vide qoyun. Onu 183F-ə qoyun.

Pırasa üst hissəsini kəsin və alt hissələrini çıxarın. Onları soyuq suda yuyun və 1 xörək qaşığı zeytun yağı ilə qarışdırın. Duz və istiot əlavə edin. Vakuum möhürlənmiş torbaya qoyun. Suyun yerdəyişməsi üsulu ilə havanı buraxın, çantanı bağlayın və su banyosuna batırın. 1 saat bişirin.

Bu vaxt, vinaigrette üçün, bir qabda soğanı, Dijon xardalını, sirkə və 1/4 fincan zeytun yağını birləşdirin. Duz və istiot əlavə edin. Taymer dayandıqda çantanı çıxarın və buz banyosuna qoyun. Sərin buraxın. Pırasaları 4 boşqabın üzərinə qoyun və duz edin. Karides əlavə edin və vinaigrette ilə çiləyiniz. Cəfəri ilə bəzəyin.

Kokos ilə karides şorbası

Hazırlanma + bişirmə vaxtı: 55 dəqiqə | Porsiyalar: 6

Tərkibi

8 iri çiy karides, qabığı soyulmuş və qabığı soyulmuş

1 qaşıq kərə yağı

Dadmaq üçün duz və qara bibər

şorba üçün

1 kilo balqabaq

4 xörək qaşığı limon suyu

2 sarı soğan, doğranmış

1-2 kiçik qırmızı bibər, incə doğranmışdır

1 limon sapı, yalnız ağ hissəsi, doğranmışdır

1 xörək qaşığı karides pastası

1 qaşıq şəkər

1½ fincan kokos südü

1 çay qaşığı tamarind pastası

1 stəkan su

½ fincan kokos kremi

1 xörək qaşığı balıq sousu

2 xörək qaşığı təzə reyhan, doğranmış

təlimatlar

Benmari hazırlayın və içinə Sous Vide qoyun. Temperaturu 142 F-ə qoyun. Karides və kərə yağı vakuumla bağlanan çantaya qoyun. Duz və istiot əlavə edin. Suyun yerdəyişməsi üsulu ilə havanı buraxın, çantanı bağlayın və su banyosuna batırın. 15-35 dəqiqə bişirin.

Bu vaxt, balqabağı soyun və toxumları atın. Kub şəklində doğrayın. Bir qida prosessorunda soğan, limon otu, bibər, karides pastası, şəkər və 1/2 fincan kokos südü əlavə edin. Püresi alınana qədər qarışdırın.

Güveçə aşağı istilikdə qızdırın və soğan qarışığını, qalan hindistan cevizi südü, tamarind pastası və suyu qarışdırın. Zucchini əlavə edin və 10 dəqiqə bişirin.

Taymer dayandıqda, karidesləri çıxarın və şorbaya əlavə edin. Hindistancevizi kremi, əhəng suyu və reyhan əlavə edin. Şorba qablarında xidmət edin.

Soba əriştə ilə bal qızılbalığı

Hazırlanma + bişirmə vaxtı: 40 dəqiqə | Porsiyalar: 4

Tərkibi

<u>qızılbalıq</u>

6 unsiya qızılbalıq filesi, dərisi

Dadmaq üçün duz və qara bibər

1 çay qaşığı susam yağı

1 stəkan zeytun yağı

1 xörək qaşığı təzə zəncəfil, qızardılmış

2 xörək qaşığı bal

<u>küncüt soba</u>

4 unsiya quru soba əriştəsi

1 qaşıq üzüm çəyirdəyi yağı

2 diş sarımsaq, doğranmışdır

½ baş gül kələm

3 qaşıq tahin

1 çay qaşığı susam yağı

2 xörək qaşığı zeytun yağı

¼ sıxılmış limon

1 sapı doğranmış yaşıl soğan

¼ fincan cilantro, qaba doğranmışdır

1 çay qaşığı qovrulmuş haşhaş toxumu

Dekorasiya üçün əhəng dilimləri

Garnitür üçün küncüt toxumu

2 xörək qaşığı cilantro, doğranmışdır

təlimatlar

Benmari hazırlayın və içinə Sous Vide qoyun. 123 F-yə qoyun. Somonu duz və istiotla səpin. Bir qabda küncüt yağı, zeytun yağı, zəncəfil və balı qarışdırın. Somon və qarışığı vakuumla bağlanmış çantaya qoyun. Yaxşı balanslaşdırılmış. Suyun yerdəyişməsi üsulu ilə havanı buraxın, çantanı bağlayın və su banyosuna batırın. 20 dəqiqə bişirin.

Bu vaxt soba əriştəsini hazırlayın. Üzüm çəyirdəyi yağını tavada yüksək odda qızdırın və gül kələm və sarımsağı 6-8 dəqiqə qızardın. Bir qabda tahini, zeytun yağı, küncüt yağı, limon suyu, cilantro, xiyar və qızardılmış küncütləri yaxşıca qarışdırın. Makaronu süzün və gül kələminə əlavə edin.

Tava yüksək istilik üzərində qızdırın. Çörək kağızı ilə örtün. Taymer dayandıqda, qızılbalığı çıxarın və tavaya qoyun. 1 dəqiqə qızardın. Makaronu iki qabda xidmət edin və qızılbalıq əlavə edin. Limon dilimləri, haşhaş toxumu və keşniş ilə bəzəyin.

Mayonez ilə gurme lobster

Hazırlanma + bişirmə vaxtı: 40 dəqiqə | Porsiyalar: 2

Tərkibi

2 lobster quyruğu

1 qaşıq kərə yağı

2 şirin soğan, doğranmış

3 xörək qaşığı mayonez

dadmaq üçün duz

Bir çimdik qara bibər

2 xörək qaşığı limon suyu

təlimatlar

Benmari hazırlayın və içinə Sous Vide qoyun. Onu 138F-ə qoyun.

Suyu bir qazanda yüksək odda qaynadək gətirin. Xərçəng quyruqlarının qabıqlarını açın və onları suya batırın. 90 saniyə bişirin. Buz banyosuna köçürün. 5 dəqiqə sərinləyin. Qabıqları qırın və quyruqları çıxarın.

Yağlanmış quyruqları vakuumla bağlanmış çantaya qoyun. Suyun yerdəyişməsi üsulu ilə havanı buraxın, çantanı bağlayın və su banyosuna batırın. 25 dəqiqə bişirin.

Taymer dayandıqda, quyruqları çıxarın və qurudun. Yan oturacaq. 30 dəqiqə sərinləyin. Bir qabda mayonez, şirin soğan, bibər və limon suyunu qarışdırın. Quyruqları doğrayın, mayonezli qarışığa əlavə edin və yaxşı qarışdırın. Qızardılmış çörək ilə xidmət edin.

Karides kokteyli

Hazırlanma + bişirmə vaxtı: 40 dəqiqə | Porsiyalar: 2

Tərkibi

1 kiloluq karides, qabığı soyulmuş və qabığı soyulmuş
Dadmaq üçün duz və qara bibər
4 xörək qaşığı təzə şüyüd, doğranmış
1 qaşıq kərə yağı
4 xörək qaşığı mayonez
2 xörək qaşığı yaşıl soğan, doğranmışdır
2 çay qaşığı təzə sıxılmış limon suyu
2 xörək qaşığı tomat püresi
1 xörək qaşığı tabasko sousu
4 uzunsov şam yeməyi rulonu
8 kahı yarpağı
½ limon dilimlərə kəsilir

təlimatlar

Benmari hazırlayın və içinə Sous Vide qoyun. 149 F-yə qoyun. Ədviyyat üçün mayonez, çivəyi, əhəng suyu, tomat püresi və Tabasko sousunu qarışdırın. Duz və istiot əlavə edin.

Karides və ədviyyatları vakuumla bağlanmış çantaya qoyun. Hər paketə 1 xörək qaşığı şüyüd və 1/2 xörək qaşığı kərə yağı əlavə edin. Suyun yerdəyişməsi üsulu ilə havanı buraxın, çantanı bağlayın və su banyosuna batırın. 15 dəqiqə bişirin.

Fırını 400 F-ə qədər qızdırın və rulonları 15 dəqiqə bişirin. Taymer dayandıqda çantanı çıxarın və boşaldın. Karidesləri souslu qaba qoyun və yaxşı qarışdırın. Limonlu salat rulonlarının üzərinə xidmət edin.

Herby's Limon Somonu

Hazırlanma + bişirmə vaxtı: 45 dəqiqə | Porsiyalar: 2

Tərkibi

2 dərisiz qızılbalıq filesi

Dadmaq üçün duz və qara bibər

¾ fincan əlavə bakirə zeytun yağı

1 soğan, nazik halqalara kəsilmişdir

1 xörək qaşığı reyhan yarpaqları, yüngülcə doğranmışdır

1 x.q ətirli bibər

3 unsiya qarışıq yaşıllıq

1 limon

təlimatlar

Benmari hazırlayın və içinə Sous Vide qoyun. Onu 128F-ə qoyun.

Somonu yerləşdirin və vakuumla bağlanmış çantaya duz və istiot əlavə edin. Soğan halqaları, zeytun yağı, ətirli ədviyyat və reyhan əlavə edin. Suyun yerdəyişməsi üsulu ilə havanı buraxın, çantanı bağlayın və su banyosuna batırın. 25 dəqiqə bişirin.

Taymer dayandıqda, çantanı çıxarın və somonu bir boşqaba köçürün. Pişirmə şirələrini bir az limon suyu ilə qarışdırın və üstünə somon filesi qoyun. Xidmət edin.

Duzlu Lobster Quyruqları

Hazırlanma + bişirmə vaxtı: 1 saat 10 dəqiqə | Porsiyalar: 2

Tərkibi

8 xörək qaşığı kərə yağı
2 lobster quyruğu, qabıqları çıxarıldı
2 budaq təzə tərxun
2 qaşıq adaçayı
dadmaq üçün duz
limon dilimləri

təlimatlar

Benmari hazırlayın və içinə Sous Vide qoyun. Onu 134F-ə qoyun.

Xərçəng quyruğu, kərə yağı, duz, adaçayı və tərxunu vakuumla bağlanan çantaya qoyun. Suyun yerdəyişməsi üsulu ilə havanı buraxın, çantanı bağlayın və su banyosuna batırın. 60 dəqiqə bişirin.

Taymer dayandıqda, çantanı çıxarın və xərçəngi boşqaba qoyun. Kərə yağı ilə səpin. Limon dilimləri ilə bəzəyin.

Gül kələm və yumurta əriştə ilə Tay qızılbalığı

Hazırlanma + bişirmə vaxtı: 55 dəqiqə | Porsiyalar: 2

Tərkibi

Dəri ilə 2 qızılbalıq filesi
Dadmaq üçün duz və qara bibər
1 qaşıq zeytun yağı
4½ xörək qaşığı soya sousu
2 xörək qaşığı doğranmış təzə zəncəfil
2 incə dilimlənmiş Tay bibəri
6 xörək qaşığı susam yağı
4 oz hazırlanmış yumurta əriştəsi
6 unsiya bişmiş gül kələm çiçəkləri
5 çay qaşığı küncüt toxumu

təlimatlar

Benmari hazırlayın və içinə Sous Vide qoyun. 149 F-ə qoyun. Folqa ilə örtülmüş çörək qabını hazırlayın və qızılbalığı qoyun, duz və istiot əlavə edin və başqa bir folqa vərəqi ilə örtün. Fırında 30 dəqiqə bişirin.

Bişmiş somonu vakuumla bağlanmış çantaya köçürün. Suyun yerdəyişməsi üsulu ilə havanı buraxın, çantanı bağlayın və su banyosuna batırın. 8 dəqiqə bişirin.

Bir qabda zəncəfil, çili, 4 x.q soya sousu və 4 x.q küncüt yağını qarışdırın. Taymer dayandıqda, çantanı çıxarın və somonu əriştə qabına köçürün. Qızardılmış toxum və somon dərisi ilə bəzəyin. Üzərinə zəncəfil-paprika sousu səpin və xidmət edin.

Şüyüd ilə yüngül dəniz bas

Hazırlanma + bişirmə vaxtı: 35 dəqiqə | Porsiyalar: 3

Tərkibi

1 funt Çili levrek, dərisiz

1 qaşıq zeytun yağı

Dadmaq üçün duz və qara bibər

1 xörək qaşığı şüyüd

təlimatlar

Benmari hazırlayın və içinə Sous Vide qoyun. 134 F-ə qoyun. Dəniz basını duz və istiotla səpin və vakuumla bağlanan çantaya qoyun. Şüyüd və zeytun yağı əlavə edin. Suyun yerdəyişməsi üsulu ilə havanı buraxın, çantanı bağlayın və su banyosuna batırın. 30 dəqiqə bişirin. Taymer dayandıqda, çantanı çıxarın və dəniz basını bir boşqaba köçürün.

Şirin çilli karides Frittata

Hazırlanma + bişirmə vaxtı: 40 dəqiqə | Porsiyalar: 6

Tərkibi

1½ kq karides

3 quru qırmızı bibər

1 qaşıq rəndələnmiş zəncəfil

6 diş sarımsaq, doğranmışdır

2 xörək qaşığı şampan

1 xörək qaşığı soya sousu

2 xörək qaşığı şəkər

½ çay qaşığı qarğıdalı nişastası

3 yaşıl soğan, doğranmış

təlimatlar

Benmari hazırlayın və içinə Sous Vide qoyun. 135F-ə təyin edin.

Zəncəfil, sarımsaq mixəkləri, çili, şampan, şəkər, soya sousu və qarğıdalı nişastasını qarışdırın. Soyulmuş karidesləri qarışıqla birlikdə vakuumla bağlanmış çantaya qoyun. Suyun yerdəyişməsi üsulu ilə havanı buraxın, bağlayın və su banyosuna batırın. 30 dəqiqə bişirin.

Yaşıl soğanları orta istilikdə bir tavaya qoyun. Yağ əlavə edin və 20 saniyə bişirin. Taymer dayandıqda, bişmiş karidesləri çıxarın və bir qaba qoyun. Soğanla bəzəyin. Düyü ilə xidmət edin.

Tay meyvəli karides

Hazırlanma + bişirmə vaxtı: 25 dəqiqə | Porsiyalar: 4

Tərkibi

2 kilo krevet, qabığı soyulmuş və qabığı soyulmuş
4 ədəd soyulmuş və doğranmış papaya
2 soğan, dilimlənmiş
¾ fincan albalı pomidoru, yarıya bölünmüşdür
2 xörək qaşığı reyhan, doğranmış
¼ fincan quru qovrulmuş fıstıq

Tay sousu

¼ fincan limon suyu
6 xörək qaşığı şəkər
5 xörək qaşığı balıq sousu
4 diş sarımsaq
4 kiçik qırmızı bibər

təlimatlar

Benmari hazırlayın və içinə Sous Vide qoyun. Temperaturu 135 F-ə təyin edin. Karidesləri vakuumla bağlanan çantaya qoyun. Suyun yerdəyişməsi üsulu ilə havanı buraxın, çantanı bağlayın və su banyosuna batırın. 15 dəqiqə bişirin. Limon suyu, balıq sousu və şəkəri bir qabda yaxşıca qarışdırın. Sarımsağı və paprikanı püre halına salın. Ədviyyat qarışığına əlavə edin.

Taymer dayandıqda, karidesləri çantadan çıxarın və bir qaba qoyun. Papaya, Tay reyhan, soğan, pomidor və fıstıq əlavə edin. Sousu ilə sirkələyin.

Dublin üslubunda limonlu karides yeməyi

Hazırlanma + bişirmə vaxtı: 1 saat 15 dəqiqə | Porsiyalar: 4

Tərkibi

4 xörək qaşığı kərə yağı

2 xörək qaşığı limon suyu

2 diş təzə sarımsaq, doğranmış

1 çay qaşığı təzə əhəng qabığı

Dadmaq üçün duz və qara bibər

1 kiloluq jumbo karides, qabığı soyulmuş və qabıqlanmış

½ fincan panko unu

1 xörək qaşığı təzə cəfəri, doğranmış

təlimatlar

Benmari hazırlayın və içinə Sous Vide qoyun. 135F-ə təyin edin.

Orta odda tavada 3 xörək qaşığı kərə yağı qızdırın və üzərinə limon suyu, duz, istiot, sarımsaq və krem əlavə edin. 5 dəqiqə sərinləyin. Karides və qarışığı vakuumla bağlanmış çantaya qoyun. Suyun yerdəyişməsi üsulu ilə havanı buraxın, çantanı bağlayın və su banyosuna batırın. 30 dəqiqə bişirin.

Bu vaxt, kərə yağı qızdırın və panko ununu orta bir qazanda qızardın. Taymer dayandıqda, karidesləri çıxarın və yüksək istilik üzərində isti bir qaba qoyun və yemək şirələri ilə bişirin. 4 şorba qabında xidmət edin və üzərinə çörək qırıntıları qoyun.

Bibər və sarımsaq sousu ilə şirəli tarak

Hazırlanma + bişirmə vaxtı: 75 dəqiqə | Porsiyalar: 2

Tərkibi

2 xörək qaşığı sarı köri

1 qaşıq tomat pastası

½ fincan kokos kremi

1 x.q sarımsaq sousu

1 xörək qaşığı limon suyu

6 kələm

Xidmət etmək üçün qəhvəyi düyü bişirin

təzə keşniş, doğranmış

təlimatlar

Benmari hazırlayın və içinə Sous Vide qoyun. Onu 134F-ə qoyun.

Hindistancevizi kremi, tomat pastası, köri tozu, əhəng suyu və çili sarımsaq sousunu qarışdırın. Tərəzi ilə qarışığı vakuumla bağlanmış torbaya qoyun. Suyun yerdəyişməsi üsulu ilə havanı buraxın, çantanı bağlayın və su banyosuna batırın. 60 dəqiqə bişirin.

Taymer dayandıqda çantanı çıxarın və boşqaba köçürün. Qəhvəyi düyü üzərinə xidmət edin və üstünə tarak ilə qoyun. Cilantro ilə bəzəyin.

əriştə ilə karri karides

Hazırlanma + bişirmə vaxtı: 25 dəqiqə | Porsiyalar: 2

Tərkibi

1 kiloluq karides, quyruqları ilə
8 unsiya vermicelli əriştəsi, bişmiş və süzülmüşdür
1 çay qaşığı düyü şərabı
1 qaşıq köri tozu
1 xörək qaşığı soya sousu
1 yaşıl soğan, dilimlənmiş
2 xörək qaşığı bitki yağı

təlimatlar

Benmari hazırlayın və içinə Sous Vide qoyun. 149 F-yə təyin edin. Karidesləri vakuumla bağlana bilən çantaya qoyun. Suyun yerdəyişməsi üsulu ilə havanı buraxın, çantanı bağlayın və su banyosuna batırın. 15 dəqiqə bişirin.

Orta istilikdə tavada yağı qızdırın və düyü şərabı, köri və soya sousunu əlavə edin. Yaxşı qarışdırın və makaron əlavə edin. Taymer dayandıqda, karidesləri çıxarın və makaron qarışığına əlavə edin. Yaşıl soğan ilə bəzəyin.

Cəfəri ilə kremli cod

Hazırlanma + bişirmə vaxtı: 40 dəqiqə | Porsiyalar: 6

Tərkibi

<u>cod üçün</u>

6 cod filesi

dadmaq üçün duz

1 qaşıq zeytun yağı

3 budaq təzə cəfəri

<u>Sos üçün</u>

1 stəkan ağ şərab

1 stəkan yarım yarım krem

1 incə doğranmış ağ soğan

2 xörək qaşığı şüyüd, doğranmış

2 çay qaşığı qara bibər

təlimatlar

Benmari hazırlayın və içinə Sous Vide qoyun. Onu 148F-ə qoyun.

Tərəvəzli cod filesi vakuumla bağlanmış torbalara qoyun. Zeytun yağı və cəfəri əlavə edin. Suyun yerdəyişməsi üsulu ilə havanı buraxın, çantanı bağlayın və su banyosuna batırın. 30 dəqiqə bişirin.

Tavanı orta istilikdə qızdırın, şərab, soğan, qara bibər əlavə edin və azalana qədər bişirin. Yarım və yarım krem qatılaşana qədər qarışdırın. Taymer dayandıqda, balıqları qoyun və sousla çiləyin.

Somon ilə Fransız Pot Rillettes

Hazırlanma + bişirmə vaxtı: 2 saat 30 dəqiqə | Porsiyalar: 2

Tərkibi

½ funt somon filesi, dərisi çıxarılır

1 çay qaşığı dəniz duzu

6 xörək qaşığı kərə yağı

1 ədəd doğranmış soğan

1 diş sarımsaq, doğranmışdır

1 xörək qaşığı limon suyu

təlimatlar

Benmari hazırlayın və içinə Sous Vide qoyun. Temperaturu 130 F-ə qoyun. Somon, duzsuz yağ, dəniz duzu, sarımsaq dişləri, soğan və limon suyunu vakuumla bağlanan çantaya qoyun. Suyun yerdəyişməsi üsulu ilə havanı buraxın, çantanı bağlayın və su banyosuna batırın. 20 dəqiqə bişirin.

Taymer dayandıqda, qızılbalığı çıxarın və 8 kiçik qaba köçürün. Pişirmə şirələri ilə mövsüm. 2 saat soyuducuda sərinləyin. Qızardılmış çörək dilimləri ilə xidmət edin.

Kartof püresi ilə adaçayı qızılbalığı

Hazırlanma + bişirmə vaxtı: 1 saat 30 dəqiqə | Porsiyalar: 2

Tərkibi

Dəri ilə 2 qızılbalıq filesi
2 xörək qaşığı zeytun yağı
2 budaq adaçayı
4 diş sarımsaq
3 soyulmuş və doğranmış kartof
¼ fincan kokos südü
1 dəstə göy qurşağı pazı
1 qaşıq rəndələnmiş zəncəfil
1 xörək qaşığı soya sousu
dadmaq üçün dəniz duzu

təlimatlar

Benmari hazırlayın və içinə Sous Vide qoyun. Temperaturu 122 F-yə təyin edin. Somon, adaçayı, sarımsaq və zeytun yağını vakuumla bağlanan çantaya qoyun. Suyun yerdəyişməsi üsulu ilə havanı buraxın, çantanı bağlayın və su banyosuna batırın. 1 saat bişirin.

Fırını 375 F-ə qədər qızdırın. Kartofu yağla fırçalayın və 45 dəqiqə bişirin. Kartofu bir qarışdırıcıya qoyun və kokos südünü əlavə edin. Duz və istiot əlavə edin. Hamarlanana qədər 3 dəqiqə döyün.

Orta istilikdə tavada yağı qızdırın və zəncəfil, isveçrə pazı və soya sousunu əlavə edin.

Taymer dayandıqda, qızılbalığı çıxarın və isti tavaya qoyun. 2 dəqiqə qızardın. Bir boşqaba köçürün, kartof püresi əlavə edin və xidmət etmək üçün kömür əlavə edin.

Şüyüd Körpə Ahtapot Kase

Hazırlanma + bişirmə vaxtı: 60 dəqiqə | Porsiyalar: 4

Tərkibi

1 kilo ağırlığında ahtapot

1 qaşıq zeytun yağı

1 xörək qaşığı təzə sıxılmış limon suyu

Dadmaq üçün duz və qara bibər

1 xörək qaşığı şüyüd

təlimatlar

Benmari hazırlayın və içinə Sous Vide qoyun. Temperaturu 134 F-ə qoyun. Ahtapotu vakuumla bağlanmış çantaya qoyun. Suyun yerdəyişməsi üsulu ilə havanı buraxın, çantanı bağlayın və su banyosuna batırın. 50 dəqiqə bişirin. Taymer dayandıqda, ahtapotu çıxarın və qurudun. Ahtapotu bir az zeytun yağı və limon suyu ilə qarışdırın. Duz, istiot və şüyüd əlavə edin.

Hollandaise sousu ilə duzlu qızılbalıq

Hazırlanma + bişirmə vaxtı: 1 saat 50 dəqiqə | Porsiyalar: 4

ITərkibi

4 qızılbalıq filesi
dadmaq üçün duz

<u>Hollandaise sousu</u>
4 xörək qaşığı kərə yağı
1 yumurta sarısı
1 qaşıq limon suyu
1 çay qaşığı su
½ doğranmış soğan
Bir çimdik paprika

təlimatlar

Somonu duz ilə ədviyyat edin. 30 dəqiqə sərinləyin. Benmari hazırlayın və içinə Sous Vide qoyun. Temperaturu 148 F-ə təyin edin. Bütün sous inqrediyentlərini vakuumla bağlanan çantaya qoyun. Suyun yerdəyişməsi üsulu ilə havanı buraxın, çantanı bağlayın və su banyosuna batırın. 45 dəqiqə bişirin.

Taymer dayandıqda çantanı çıxarın. Bir kənara qoyun. Sous vide temperaturunu 120 F-ə endirin və qızılbalığı vakuum möhürlü çantaya qoyun. Suyun yerdəyişməsi üsulu ilə havanı buraxın, çantanı bağlayın və su banyosuna batırın. 30 dəqiqə bişirin. Sousu blenderə qoyun və açıq sarı olana qədər qarışdırın. Taymer dayandıqda, somonu çıxarın və qurudun. Üzərinə sous qoyularaq xidmət edin.

www.ingramcontent.com/pod-product-compliance
Lightning Source LLC
Chambersburg PA
CBHW050351120526
44590CB00015B/1654